在思维发展中诗意地生长

小学『智美语文』课堂实践

王伟／著

中国出版集团 现代出版社

图书在版编目（CIP）数据

在思维发展中诗意地生长：小学“智美语文”课堂实践 / 王伟著. — 北京：现代出版社，2021.10

ISBN 978-7-5143-9526-6

Ⅰ. ①在… Ⅱ. ①王… Ⅲ. ①小学语文课—课堂教学—教学研究 Ⅳ. ①G623.202

中国版本图书馆CIP数据核字（2021）第210876号

在思维发展中诗意地生长：小学“智美语文”课堂实践

作　　者　王　伟
责任编辑　张桂玲
出版发行　现代出版社
地　　址　北京市安定门外安华里504号
邮政编码　100011
电　　话　010-64267325　64245264
网　　址　www.1980xd.com
电子邮箱　xiandai@cnpitc.com.cn
印　　制　北京政采印刷服务有限公司
开　　本　710mm × 1000mm　1/16
印　　张　12.75
字　　数　204千
版　　次　2021年10月第1版　　2021年10月第1次印刷
书　　号　ISBN 978-7-5143-9526-6
定　　价　45.00元

点亮课堂　滋养童年

最早对语文课堂进行深度的思考始于2016年下半年参加山东省小学语文德育优秀课例评比活动。那是参加工作的第六年，在这之前我虽然没有走出过农村小学的校门，却也算是“饱读诗书”。因为平日里，为了提升自己的教学水平，掌握更加有效的语文课堂教学方法，我不断地阅读了许多名师的教学专著，观摩了大量的名师课堂实录，以期从中学到解读文本和课堂教学的妙法。当然，每位名家的课堂都风格迥异，或风趣幽默，或简约朴素，或慷慨大气，或诗情画意……其中我最中意的还是王崧舟老师的“诗意课堂”。观《枫桥夜泊》一课，我惊叹于他在“一起二承三转四合”中带领学生走进那寒山寺夜半的悠悠钟声，体会张继的愁眠之情，传承经典的诗歌意象；观《长相思》一课，我感怀于他巧妙地抓住一个“身向”、一个“心向”就将一个辗转难眠、身在征途、心在家园、想归却不能归的纳兰性德展现在学生眼前……在这样的课堂上，学生享受着情感的召唤、精神的洗礼、生命的涅槃，而我们也经历着诗意语文的召唤与洗礼，享受着诗意语文带来的感动与震撼。因此在刚刚参加工作的一段时间内，我对语文课堂的认知就是“诗意的”“动情的”。

后来对小学语文课堂初次建立新的认识是2014年前后在山东省教师网络研修，平台推送了几篇吴忠豪教授的文章，记忆深刻的有《教课文，教语文》，读完这篇文章，第一次引发了我对“课程内容”和“教材内容”的思考，了解了要通过变“文本解读型”为“技能掌握型”的过程设计，实现了从“教课文”向“教语文”的转变。吴教授在《语文课须围绕本体性教学内容组织教学》一文中提出的“教师要深刻认识语文课程中本体性教学内容与非本体性教学内容的区别，并且根据每篇课文的特点明确本体性教学内容，然后围绕本体性教学内容的落实来组织语文课教学”则更加冲击了我已有的教学观念，让我深刻地认识到自己一直以来所追求的“语文味”，似乎仅仅停留在营境造势的肤浅层次上，真正的语文课堂即使没有教师激荡人心的语言渲染，没有动人音乐的推波助澜，也能通过对文章的咬文嚼字，通过对语文方法和语文技能的精巧讲授，达到“此时无声胜有声”的教学效果，让学生不仅看得到“内容”，还能感悟到“含义”，探寻到“形式的秘密”。当然，当时这些观点虽然涤荡了我的心灵，却也让我产生了一些疑惑：这样的语文课堂会不会变得枯燥无味，会不会变得毫无生机，会不会仅仅成为传授方法和技巧的工具？这是我理想中课堂的模样吗？那段日子里，带着对“诗意语文”与“语用语文”的关注和思考，我不断地探索着自己的课堂教学方向。

时间来到2016年9月，这一年山东省举办了各个学科的德育优秀课例评选活动，每个地市都自下而上地向省里推送参赛选手。在接到区级比赛通知后，我上交了一节二年级的录像课例《称赞》。设计这堂课时，我结合活动的主题在语文课的各个环节巧妙地进行了德育渗透。如在写字环节，结合“左右谦让、互相穿插”的书写技巧提醒学生：“写字如此，做人更是这样。平时同学之间互相交往，理应像书写汉字这样互相谦让、团结友爱。”在品读对话环节引导学生通过抓住“泄气”和“粗糙”这两个重点词语理解小刺猬为什么要称赞小獾，相机启发学生：“生活中我们要像小刺猬那样，在别人灰心、泄气时及时称赞别人。”在拓展提升环节通过引导学生诵读《弟子规》中的名句“闻过怒，闻誉乐，损友来，益友却”来提醒学生：“生活中既要虚心接受别人的意见，又要符合实际地去称赞别人，不能说假话。”教学时，我抓住文本的语言特点，引导学生丰富语言积累、培养语感、发展思维，同时充分挖掘文本中丰富的人文内涵和德育功能，这堂课受到了市、区教研员的一致好评，我被推选为淄博市小学语文组农村教师代表参加省级现场课评比。在接到比赛通知时，我是忐忑不安的。因为此前我连区级优质课评选都没有参加过，虽然一直在研究课堂，可最多也只能算得上纸上谈兵……但是评选结果已经下来，即使再怎样的彷徨和害怕，也得硬着头皮上。在决定比赛文本时，我奔着“德育课例”的主题反复挑选和对比，最终选定了苏教版五年级语文教材中《厄运打不垮的信念》一课。这篇文章以散文化的笔法讲述了明末清初史学家谈迁在困境中前后两次撰写明史《国榷》的感人故事，是绝佳的德育文本。于是在最初进行教材解读和课堂设计时，我紧紧围绕文中的“德育因子”以盼让学生受到精神上的激励和感染。在教学研讨时，市、区教研员丁华芳老师、安永老师、刘建华老师却一致强调虽然活动的主题是“德育课例评选”，但本质就是小学语文优质课评选，最主要的是“上好语文课”，不能用大量的课堂时间和精力去渲染情感。说实话，当时我对领导的话还是存在一些疑惑的。然而直到活动结束一年后，在一次课题研讨座谈会中，省小学语文教研员李家栋老师在谈到那次比赛时也着重指出，赛课最根本的就是要抓住语文课堂的本质，关注语言文字的学习和运用，不能跑偏。此时，我才惊讶于市、区专家们对课堂教学方向的精准定位，也正是因为有这些名家的指导，作为“零起点”选手的我，第一次站在省级赛课的舞台上就获得了一等奖。教学时，我围绕文章的表达技巧和言语形式展开教学，带领学生透过言语形式去深刻理解言语内涵、感受言语魅力，在潜移默化中获得精神上的浸润。这次执教经历让我对语文课程的基本特点——“工具性与人文性的统一”有了深刻的认识，也让我坚信理想中“好”的课堂就是把“工具性”与“人文性”巧妙地融合在一起，既习得知识与方法，又能达到“润物细无声”的育人效果。

而后执教山东省统编小学语文课例研讨公开课和参加首届全国统编教科书优质课评选两次大型活动的磨课经历，让我对语文课堂各个教学环节如何有效实现“工具性与人文性的统一”有了进一步的思考和实践，结合统编教材“双线组元”的特点，如何把“语文要素”与“人文主题”巧妙结合，构建适合小学生的语文核心素养体系也成为教学研究的热点。当然，在小语界轰轰烈烈的“语用语文”的热潮下，我关注到王崧舟老师在他的公众号上连载的题为《语用焦虑与诗意突围》的文章，文中他详细阐述了语用教学的三个层次——“显性层次”（直接之用）、“柔性层次”（储备之用）、隐性层次（无为而用），也进一步阐明了他的“旨在陶冶情操、涵养精神、塑造灵魂的阅读乃是语用的核心所在”的教学观点，认为“学生在潜移默化、耳濡目染中用文字陶冶着性情，用语言窖藏着灵魂，滋养出一个个崭新的言语生命”才是语用教学的最高境界。是的，名师尚有如此的教学“焦虑”，更何况我们普通的一线教师？面对“语用”与“诗意”，面对统编教材的“双线并进”，面对国家进一步落实“立德树人”根本任务的基本要求，我的语文课堂又该如何实现有效的融合？带着这些思考，有一段时间我陷入了反思，总觉得处处有亮点，却又总是一团乱麻的困境，我需要尽快捋出一根能把自己课堂串得清清楚楚的“红线”。

2019年4月，我有幸读到了余文森教授有关“教学主张”的论著，其中有一段话深深地打动了我——一个优秀教师可能经验丰富、教学有方，可能论文不少、著作等身，可能挂上了高级教师、特级教师的头衔，获得了各种荣誉，但是，缺乏自己的教学主张，从专业上讲，他依然还是一个无“家”可归的“流浪汉”“门外汉”，没有专业精神和学术追求的归宿，他很难产生专业和学术上的影响力。是啊，回顾自己的课堂教学，我不就是那个精神上的“流浪汉”吗？此时，一个大胆的念头在我心头萌发——我要提出自己的语文教学主张！然而我深知，教学主张虽只有短短的几个字，却既要能抓住学科的本质特点，又要能彰显自己的教学风格，绝不是一件简单的事。于是我沉心静气，用了大约一年的时间把20世纪20年代以来的国内语文教学大家的语文教学思想和教学主张细致地进行了梳理，发现他们虽主张各不相同，但基本都是围绕语文课程的“工具性”与“人文性”展开论述。在吸收语文名家教学思想和教学主张的基础上，基于为语文学科教学与培养学生学科核心素养架起一座桥梁，实现“工具性与人文性”“语文要素与人文主题”有效融合的教学愿景，我将教学主张定为“智美语文”，以此申报的课题也作为市级重点项目立项。

以上就是“智美语文”教学主张的形成过程，至于核心观点和研究内容在书稿各篇章中均有详细论述，这里不再赘述。仅希望通过这样的教学探索能引导学生在语文学习的过程中进入语言和思维的“藕花深处”，踏上与作者心灵对话的“通幽曲径”，在“智美相融”中获得语言思维与人文精神的共生！点亮课堂，滋养童年！

目录

CONTENTS

下 篇

“智美语文”教学案例及解读

上篇

“智美语文”的本义追寻

如果用思考、情感、创造、游戏的光芒来照亮儿童的学习，那么学习对儿童来说是可以成为一件有趣、引人入胜的事情的。

——苏霍姆林斯基

“智美语文”的提出

著名语文教育家于漪先生在《语文的尊严》一书中曾表示，她渴望学生学习语文真切地懂得：“语言的背后是一种文化的深层编码，是一个民族的集体意识。一个个汉字的故事中无不蕴含着中华文化的基因，哲学智慧、伦理道德、风俗习惯、审美意识，稍加触摸，就会感受到它的博大精深，无穷魅力。热爱语文，在习得语文能力的同时，孜孜不倦地把蕴藏的文化基因植入自己的血脉，促进灵魂发育，精神成长。”语文课程的多重功能和奠基作用，决定了它在九年义务教育中的重要地位，也决定了它在形成和发展学生核心素养中的重要地位。语文教学的核心目标是培养学生运用语言文字的能力，因此语文课堂要从语言形式入手，开展有利于提升学生语言文字运用能力的教学，这样才能有效地促进学生语言建构与运用、思维提升与发展的语文学科核心素养的形成。同时，语文课程丰富的人文内涵对学生精神世界的影响是广泛而深刻的，教师应该重视语文课程对学生思想情感所起的熏陶感染作用，用书香蕴“美”，不能因为强调语文的工具性，就忽略它在吸收古今中外优秀文化、提高思想文化修养、促进自身精神成长方面的作用。

语文阅读教学应为学生的语言实践与发展提供尽可能多的空间和机会，教师要引导学生不断进行理解、积累、转化、运用，让学生在主动积极的思维和情感活动中，加深理解体验、感悟思考，享受思维与情感提升的双重乐趣，让学生在思维发展中诗意地生长。

《义务教育语文课程标准（2011年版）》指出，工具性与人文性的统一是语文课程的基本特点。工具性是人文性的载体，人文性是工具性的灵魂。教学时，只有将二者合二为一，有机结合，才能有效地整合教育资源，体现教育与教学的双重作用。但是在小学语文课堂教学中却常常出现将语文的工具性与人文性割裂开来的情况。

一、只重视内容的理解，缺乏语言文字的学用

语文学科的工具性决定了语文教学的基本任务是培养学生运用语言文字的能力，语文教学如果仅仅在内容理解上兜圈子，而不在如何运用语言文字上下功夫，无异于舍本逐末。因此语文教学不能只关注内容的理解，更不能把语文课上成"思品课"。

如教学统编版语文五年级上册第六单元，本单元的人文主题是"舐犊之情"，围绕"父母之爱"，教材编排了《慈母情深》《父爱之舟》《"精彩极了"和"糟糕透了"》三篇感人至深的文章。文章中所彰显的无私的母爱与深沉的父爱涤荡人心，因此教学时许多老师把教学的重点放在了对伟大的父母之爱的赞颂上，整堂课都在围绕读懂母爱与父爱的故事展开，甚至通过反复的配乐诵读和拓展播放感人至深的视频等方式引得学生潸然泪下。这样的语文课看似热闹，却失去了语文"本真"的味道，学生除了受到精神的洗礼，在语文素养与语文学习能力方面几乎是毫无提升。本单元的阅读语文要素是"体会作者描写的场景、细节中蕴含的感情"，因此教学时应把重点放在品读文章中重要的场景与细节上，于场景和细节中品真情。文章中出现的一个个有时间地点、有人物、有活动的画面，就叫作"场景"，而"细节描写"则是指抓住生活中细微而又具体的典型情节，加以生动细致的描绘，它具体渗透在对人物、景物或场景的描写之中。无论是《慈母情深》中"我""初入厂房"，还是《父爱之舟》中父亲带"我""逛庙会""送我上学"，教学时教师都应抓住这一个个场景中的细节描写认真品读，这样学生自然能感受到文字背后的真情，也会真切地明白这一个个看似寻常普通的场景却蕴含着作者的独特匠心，如此学生不仅能学会从场景、细节中体会作者蕴含感情的方法，亦在潜移默化中感受到文字的力量，获得情感的熏陶。

语文课"教什么"比"怎么教"更重要。从"教教材"到"用教材教"，

阅读教学中教师只有从领悟表达方法的角度确定教学内容，引导学生在品读和思考中发现文本的语言规律，才能有效提升学生的语文素养和语用能力。在提升学生核心素养的教育背景下，我们阅读课堂教学的重心必须实现从“思想内容”到“语言文字”的转变。

二、教学生硬和僵化，缺少语文课应有的光彩

语文的人文性指语文教育活动是特定时空中教师与学生双向的积极的生命运动过程，尊重人，尊重具体的人的生命价值，尊重具体的人的文化及其多样性，是语文课程的精神价值。

正如曹明海先生所说，我们不能只热衷于短期效应，而忽略语文对心灵启蒙和人文意识启蒙的影响力，使语文的文化丧失了它需要的感悟与体验的深度整体性。教育绝非是单纯的文化传递，语文教学更不能走向“符号”教学的歧途，而应通过对语言文字的品悟唤醒沉睡在孩子心中的纯真、善良与美好，解放沉睡在人性中的自由意识和创造精神。

例如，统编版语文四年级上册第四单元的主题是神话，教学时要求学生能“了解故事的起因、经过、结果，学习把握文章的主要内容”。概括故事内容是小学阶段一项重要的阅读能力，因此许多教师在教学本单元时一味地把教学重点放在了方法的训练上，却忽视了神话故事本身所蕴含的文化教育意义。神话故事体现着民族文化精神的精髓，正如闫德亮先生所说，“源自神话内在特质的民族精神是中华民族的宝贵财富，是中华民族生生不息、不断发展壮大的强有力的精神动力。几千年来，它影响着民族的思想形成，滋养着民族的成长，影响着中国的文明”。因此教学时教师不能机械地将故事分割成起因、经过、结果三部分，而应该让学生在感悟神话神奇的想象和鲜明的人物形象的同时厘清故事脉络，了解文章大意，让语言文字神采飞扬，让民族精神拨动心弦。

提倡“学用语言文字”并不是要置文本的思想与情感于不顾，教材中的文本是集语言美、意境美、情感美于一体的教学材料，只有在阅读中让学生感受作者笔下其人其事其物中蕴藏的情感，学生才能与之产生共鸣，才能感同身受，才能激发学生对民族文化的热爱，激起学生精神的惊异与渴望，才能在体

验、欣赏与评价中提升审美，理解和传承文化。

三、缺乏有效实现语文教学"工具性与人文性统一"的路径

课改以来，有关"语用语文"与"诗意语文"的研究热潮此起彼伏。在课堂教学中大多数一线教师其实已经明确了语文学科"工具性"与"人文性"的双重性质，但是如何在实际课堂教学的各个环节有效实现二者的和谐统一，既避免让语文课成为僵硬的"语法课"，又避免因过度的情感渲染让语文课成为"思品课"，依然缺少有效的教学方法与教学策略。

比如，有些教师一说到"工具性"就想到"学习语言文字运用"，能做的就是读写结合，就是理解语文知识、学习语言形式，这样学生获得的只能是干巴巴的知识和概念；而一说到"人文性"想到的就是感悟人物品质、读懂故事道理，这样学生获得的也只是浅层次上的思想认识。

每篇课文的课堂教学时间总是有限的，由于缺乏有效实现语文教学"工具性与人文性统一"的路径和策略，有些教师为了在授课时既能引导学生理解课文的内容、内涵与情感，又能引导学生领悟语言表达的特点、作用和效果，落实好统编教材语文要素的教学，不得已把一个课时拆成两个课时来上，一个课时用来学习语文要素，一个课时用来理解文章内容、感悟作品情感。例如，教学统编版语文三年级上册《富饶的西沙群岛》这一课时，为了训练学生"找出段落中心句"的能力，有教师专门用一节课的时间让学生大量阅读，机械地找画段落中心句，再利用一节课的时间让学生观看视频和图片欣赏祖国大好河山的美景，激发学生对祖国美好山河的热爱。这样看似兼顾了语文课程的"工具性"与"人文性"，实则却没有遵照语文知识和技能学习的规律来设计教学过程，更没有理解教材"借助关键语句理解一段话的意思"的设计意图。学生找出段落中心句的目的是更好地理解这段话的意思，体会作者蕴含在字里行间的情感，这是一个从"具体"到"概括"再到"具体"的思维过程，不能人为地把它导向枯燥的技巧训练，也不能将情感与文字剥离，仅仅靠视频或图片去激发学生的情感，这就背离了语文教学的本义。

只有让学生在品读文字中感悟隐藏在语言文字形式里的形象、韵律、意味、情感，才能真正将语文课程的"工具性"与"人文性"融为一体，达到

“润物细无声”的教学效果，实现“言语习得”与“精神哺育”的相互融合。

综上，当今小学语文教学呈现出“百家争鸣、百花齐放”的盛况，随着语文学科核心素养基本要点的明确，如何在培养学生语言文字运用能力的基础上发展学生的核心素养，发挥小学语文学科在落实立德树人任务中的重要作用，凸显语文学科“工具性与人文性统一”的特点，仍是义务教育阶段一线教师在语文教学中需重点关注的热点和难点话题。

"智美语文"的真义

语文课程致力于培养学生的语言文字运用能力，提升学生的综合素养，为学好其他课程打下基础，为学生形成正确的世界观、人生观、价值观，形成良好个性和健全人格打下基础，为学生的全面发展和终身发展打下基础。"智美语文"是从语文课程"工具性与人文性统一"的基本特点出发，从语文学科核心素养的基本要求出发，着眼于学生的全面发展所提出的小学语文教学主张，其特点是强调语文教学"智"与"美"的融合。

"智"字用甲骨文写成""，由三部分组成，""（干）指木制武器，""指弓箭，""（口）表示谈论，因此这个字的本义指谈论作战谋略。随着语言的发展，其义引申为"经验，策略，思想"，亦作形容词，意为"有策略的，聪明的"，也作副词使用，表示"聪明地，机灵地"。而《辞源》（商务印书馆，2004年修订版）所注不仅有"聪明，才能""谋略，机智"之义，还有"知识""知道，认识"的意思。孔子曰："知之为知之，不知为不知，是知也。"最后一个"知"，即为"智"之通假。而语文课堂教学中的"智"，更应表现为通过有效的教学方法与策略引导学生从"不知"跨向"知"，因此，"智美语文"课堂中的"智"就有了更为广泛的含义，它从语文课程"工具性"的特点出发，旨在用文字启发智慧，引导学生通过学习体裁、结构、语言、修辞等文本形式在学用语言文字中形成学习能力，提升学生的语文思维能力。它以"知"为基础，让学生在学到有用的语文"知识"的同时累积形成语文学习的"经验，策略"，并以思维为核心，在言语实践中形成

“转识成智”的能力。“智美语文”是智力、智能和智慧的多向融合，最终培养智慧型学生。

语文课堂应是“智趣横生”的，应通过提升学生的语文思维能力把他们引向语言应用和语言实践之路，而不应让内容理解和知识传授成为教学的基本形态。正如林崇德教授所说，课堂教学中教师和学生的核心活动是思维，对于学生学的活动来讲，不论是明确学习目的、感知学习材料、理解所学知识、掌握学科方法、迁移运用知识、反思学习过程，还是提出问题、分析问题、解决问题、师生互动、生生互动等，其核心活动都是思维。对于教师教的活动来讲，明确教学目标、了解学生基础、进行教学设计、创设教学情境、组织教学活动、反思教学过程等，核心活动也是思维。

“智美语文”的“智”正是基于学生语文核心素养发展的要求所提出的，它不仅指向学生在语文学习中获得思维能力的发展和思维品质的提升，也融合了学生在丰富的语言实践中，逐步掌握中华语言文字特点及其运用规律，不断提高语言建构与运用的能力，使学生在丰富自己的语言经验和语言表达的同时，能阅读与鉴赏文本作品，提高语言运用能力和思维的灵活性。

“美”字用甲骨文写成“”，上部的“”像花枝或草叶，下部的“”像人的形状，表示一个人头戴花草饰物，它的造字本义是头戴花环的人，形容好看的、漂亮的、悦目的人或事物。随着语言的发展，它还引申作动词，表示“欣赏，偏爱，称赞，赞许”等，亦可用作形容词，表示“满意的，称心的”。《礼记·檀弓》中曰“美哉轮焉，美哉奂焉”，而语文课堂中的“美”则是包罗万象的。语文之美，美在语言。恰如远古时代那河畔滩头关关雎鸠的《诗经》之吟，又如近现代于无声处听惊雷、语不惊人死不休的鲁迅小说，或含蓄，或直白，或浅显，或深奥，或热烈，或冷峻，却都引人沉潜其中，反复品味。语文之美，美在韵律。一如低沉、缓慢节奏之语言所表现出的哀婉、凄楚之感，又如节奏明快、音调高昂之语言所表现出的豪迈、激越之情，都流淌着作者的悲欢喜乐、绵长思愁。语文之美，美在情感。得意时，“一日看尽长安花”；艰难时，“潦倒新停浊酒杯”。有“载不动许多愁”的离乱之苦，亦有“几处早莺争暖树”的悠然之乐；有“莫愁前路无知己，天下谁人不识君”的友人之情，也有“画图恰似归家梦，千里河山寸许长”的思乡之情。好的作品，读者读之，亦能获得情感的共鸣。语文之美，美在文化。三千年诗韵，五千年历史，穿越千年铸造的文字家园，承载着一代代华夏人的喜怒哀乐；云海苍苍，江水泱泱，文化之风，山高水长，它恰如一条奔流不息的河流，我们从中汲取"九万里风鹏正举"的力量，历练"也无风雨也无晴"的豁然。因此，"智美语文"中的"美"拥有了更广泛的含义，它从语文课程"人文性"的特点出发，旨在用书香蕴造美感，通过欣赏语言、诵读文章、创设情境、品读人物等学习形式体味语言之美、韵律之美、情感之美、文化之美，提升学生在语文学习中体验、欣赏、评价、表现和创造美的能力及品质，有效地促进学生审美鉴赏与创造、文化传承与理解的核心素养的形成。

语文课堂应是"美不胜收"的，应借助语言文字让学生在阅读与品鉴优秀作品、品味语言艺术中感受思想魅力、体验丰富情感、激发审美想象、领悟人生哲理，并逐步学会运用口头语言与书面语言去表现美和创造美，表现自己对美好事物的态度、情感和观点，表现和创造自己心中的美好形象，提高道德修养，增强文化自信，继承优秀传统文化，形成热爱中华文化的感情。在语文课堂上，浩瀚文字如香茗，浅尝一口，便有无穷韵味。一撇一捺，写出汉字之风韵；一腔一调，吟出古诗之韵律；一字一词，品出名句之匠心；一句一段，读出经典之内涵。"智美语文"课堂正是把语文学习的体悟语言之美、感受韵律之美、体会情感之美、传承文化之美放在了儿童语文学习的中央，于语言文字的学习中孕育学生成长的根与魂。

"智趣横生"与"美不胜收"融合在一起，就汇成了"启智蕴美"的"智美语文"。语文教学不仅要让学生理解文章表达的"意"，更要通过关注和学习语言表达形式，品味这个"意"是如何表达出来的，并在这个过程中发展学生思维、启发学生智慧；同时在品读的过程中也将有效加深学生对"意"的理解与感悟，体会语言背后所蕴藏的智趣、理趣、情趣，让学生获得情感的熏陶，思想的启迪。因此，"智美语文"既有助于传递语文知识、形成语文学习能力，也有益于寻求文化熏陶中的人文关怀，从而启发智慧、唤醒心灵、培养美感、传承文化，有效实现语文教学为学生的幸福人生奠基的目标，促进学生核心素养的形成与发展。

“智美语文”的追求

“智美语文”课堂旨在有效激发学生学习语文的兴趣，唤起学生学习语文的积极性，启发智慧、唤醒心灵，促进小学生语文学科素养的形成与发展。“智美语文”课堂通过优化教学实施过程，关注语文教学评价，促进教育教学质量的提升，有效提升学科教师的教学理念、教学能力、教学水平和专业素养，突出学科教学本质，落实立德树人任务，形成既科学有效又鲜明独特的课堂教学特色。

一、激发智趣：让语文课堂“有序”“有理”

《义务教育语文课程标准（2011年版）》指出：语文课程在丰富语言积累的同时，还应发展学生的思维能力。语言的建构与运用、思维的发展与提升是语文核心素养的两个重要层面，发展语言能力与发展思维能力是密不可分的，阅读教学应将语言能力的提升和思维品质的发展贯穿整个过程，多角度、多层次、多维度地进行言语实践和思维训练。因此，如何在阅读策略的引领下促使小学生获得言语积累、提升思维能力显得尤为重要，这就要求在语文课堂教学中要特别注意激发学生的“智趣”，让言语积累从杂乱无章变成有序可循，让学习过程从感性思维向理性思维转变。

语言促进思维，思维借助语言。语言和思维共生共长，互相促进。语言含有智慧因素和思维价值，这就使语文教学与学生的思维发展密不可分。语文课堂教学的灵动，其实就是思维发展的灵动；语文教学的枯燥无味和机械呆板，缘于思维的固化和僵化。

许多小学语文课堂存在言语实践与思维发展相脱离的现象，具体表现为教学的模式化和思维的浅表化，教学过程中学生仿佛也在思考，也在答疑，然而深究之，大多数问题都只具有形式，既缺乏言语积累和言语实践的价值，也缺乏思维训练与提升的价值。

这种言语实践与思维发展相脱离的现象具体表现在课堂教学的各个环节。如识字环节，有的教师只局限于带领学生机械地认读与记忆，完全不顾汉字的构造规律，这样既挫伤了学生认读汉字的兴趣，也大大降低了学生的学习效率，严重影响了学生自主识字的能力，同时也不利于学生通过总结归纳汉字的规律去理解字词的含义和在实践中进行运用。阅读教学是一个引导学生积极主动地发现和创造的过程，而有的教师在教学时却采用多读多背的教学方式，不求"教会"只求"教过"，使学生的思维活动只能停留在较浅层次，影响了学生阅读兴趣的培养和阅读能力的提升。除此之外，还有部分教师在阅读教学中依然没有贯彻新课程改革的理念，还是按照"初读课文—分段讲读—总结提升"的固定模式和步骤开展教学，严重地影响了儿童思维的活化、深化和延伸。教师应树立"认识—实践—总结—迁移"的阅读教学理念，引领儿童摆脱惯性思维，从不同角度转换思维去思考，透过语言文字的表层深入理解语言文字的内涵，找到思维活动的延伸点，领悟文章表达形式的巧妙和思想的深刻。而习作教学则表现为仅停留在生硬复制和简单移植，习作是学生从言语积累到言语实践的重要环节，因此习作教学应坚持语言能力与思维能力同步发展的原则，丰富学生的言语经验，激发学生的想象力和创造力，引导学生勤于观察、注重积累、善于想象，通过发展想象力促进学生发展思维，创造自己的作品。

而"智美语文"课堂正是以激发学生的"智趣"为追求，聚焦学生"智"的发展，探求理趣、生成智慧，基于儿童的立场，让学习真正地发生，通过优化教学策略与教学方法让语言生长悄然发生，让思维发展趣味盎然，开展充满理性的、灵动的和创造性的语文课堂。同时创造良好的教学环境，突出知识的形成过程，训练学生的思维品质，不仅能让学生感受到思维和语言的逻辑力量，也能领略到它们的无穷魅力，形成良好的语文核心素养。

二、蕴造美感：让语文课堂“有情”“有志”

语文课程具有丰富的人文内涵，语文教学应基于特定的汉语文化情境来设计和组织，充分利用优秀的语言文字资源引领学生走进传统、走进经典，让学生通过关注语言表达的形式理解语言所表达的“意”，使语文课堂美中启智、智中蕴美，从而让学生获得语言的滋养，智慧、恬美地成长。

正如苏霍姆林斯基所说，“我认为教育的理想就在于使所有的儿童都成为幸福的人”。将学习语言与感受精神巧妙融通，能够让学生体验沉浸于文化的心灵愉悦，形成更为宽阔敦厚的文化心灵和热爱中华文化的感情，能够提高学生的道德修养，增强文化自信，使他们树立积极向上的人生理想，增强为民族振兴而努力的使命感和社会责任感。

语文教学不是机械地操作，不应因看重工具性就将很美的一篇文章拆得七零八落，把字词句段篇割裂开来让学生反复地操练以取得优异的分数。教育是一棵树摇动另一棵树，一朵云推动另一朵云，一个灵魂唤醒另一个灵魂，教育学家用诗意的语言点明了教育和教学的本质，语文教师更应注重对学生生命成长的引领与激励，使学生获得如临其境、如见其人、如闻其声、如聆其理的真切感受，与作品文本所描述的情境和事物产生共鸣，想作者之所想，爱作者之所爱，唤醒学生的心灵，让学生在主动积极的思维和情感活动中，加深感悟和思考，享受语言和情感提升的双重乐趣。

如教学《富饶的西沙群岛》一课，文章围绕“那里风景优美，物产丰富，是个可爱的地方”这个中心意思介绍了西沙群岛瑰丽无比的海水、各种各样的海生物、成群结队的鱼儿以及美丽的海鸟，字里行间流露出作者对西沙群岛的喜爱与赞美。教学时为了更好地激发学生对这个陌生地方的热爱，教师可以抓住“你从哪些语句中感受到西沙群岛的美丽和富饶”这个话题引导学生品读文章。阅读时，有的学生读到“西沙群岛一带海水五光十色，瑰丽无比。有深蓝的，淡青的，浅绿的，杏黄的”，不禁感叹西沙群岛的海水真是太美了！有的学生读到“海参到处都是，在海底懒洋洋地蠕动”，不禁感叹那么昂贵的海参这里竟然到处都是，真是富饶啊！尤其是读到那些或全身布满彩色的条纹，或头上长着一簇红缨，或周身插着好些扇子，或身上长满了刺的多得数不清的鱼时，许多同学仿佛身临其境看到了这些有趣的画面。

主体情感参与到自读过程中，既加深了学生对西沙群岛的认识，也激发了他们对这个富饶、美丽的地方的热爱。在交流过程中，教师还要适时地通过语言积累与言语实践，使学生获得更深的认识、激发更强烈的情感。如当学生交流到"海底的岩石上长着各种各样的珊瑚，有的像绽开的花朵，有的像分枝的鹿角"这句话时，教师可以把"各种各样的"这个短语和"有的像绽开的花朵""有的像分枝的鹿角"这两个句子去掉，让学生再读一读，看看有什么发现。许多同学不难发现"各种各样"突出了那里珊瑚不仅数量多，而且种类多，"有的像绽开的花朵""有的像分枝的鹿角"能够让读者感受到西沙群岛海底珊瑚的奇特与美丽。通过这样的对比阅读，学生不仅感受到了那里优美的景色，也体会到了作者用词的准确与生动。这时，教师相机继续引导，西沙群岛是一个物产丰富的地方，当然不只有这么两种珊瑚，请你发挥想象，仿照文中的句式说一说。这个问题有效地激活了学生的想象力，有的说像落到海底的蒲公英，有的说像飞在海面的海鸟……在学生美好的想象中，教师配乐播放西沙群岛海底珊瑚的图片，让学生在理解、品读、迁移运用中对文章精彩的语言有了更深的体会，对西沙群岛的富饶和美丽有了更深的感受。

《山东省中小学德育课程一体化实施指导纲要》提出，实施德育课程一体化建设，将立德树人目标融入各学科教学之中，根植于学科的核心素养，紧密结合学科教学内容，促进每个学生健康成长，为学生终身发展和人生幸福奠定基础。语文教学既是一门科学，也是一门艺术。它的科学性体现在语言文字是有规律可循的，教师要引导学生"看见内容""了解含义""发现形式"，探寻文字的秘密；它的艺术性体现在语言文字不是冰冷的符号，教师要采用多种途径和策略，通过符号世界的唤醒与惊异力量解放沉睡在人性中的自由意识和创造精神。"智美语文"的"美"正是指向"有情""有志"的言语体验教学，让学生通过对语言文字所描述的情境与画面的触摸和体会，唤起与自己相近的生活经验，从具体的语境中发出真切的情感，让自己的身心与语言文字所描绘的内容融为一体，获得情感的激发与响应。

“智美语文”的价值

一、关注学生阅读思维的发展，提升学生的阅读力

阅读，是从文本材料获取信息的过程，是理解、领悟、吸收、鉴赏、判断和评价等融合在一起的一个复杂的思维过程。美国心理学家、人本主义心理学代表人物卡尔·罗杰斯表达的一种信念是：没有任何人能教会任何人任何东西，因此“教会”从根本上说是教会学生思考，从阅读教学来看就是教会学生多角度、多层次、多维度地理解与感悟。

著名特级教师姜树华在《阅读指向：语文思维不可或缺的“领地”》一文中提到，不少学生已经习惯于阅读的“公式化”，习惯跨越文本细读的肤浅体验，直接找到答案，把语文阅读视为阅读答题一般机械性问答式的阅读训练。阅读力的培养成了课堂中无暇顾及的“鸡肋”，而阅读教学中，不仅要让学生获取信息，还应该让学生掌握获取信息的策略、方法与本领，即在课堂上关注如何让学生学会阅读的技能，提升阅读的思维能力。以统编版语文三年级上册第四单元为例，本单元是以“预测”为语文要素的阅读策略单元。在统编教材的普通单元中，策略是以隐性的方式呈现的，而策略单元是以显性的方式呈现的；普通单元把理解内容、体会思想情感作为单元教学的核心目标，而把方法和策略作为达到目标的手段，而策略单元则以策略为单元教学的核心目标，同时关注运用策略理解内容的思考过程。因此阅读策略单元更应构建以思维为核心的阅读活动体系，明确学生思维训练的起点，培养学生运用阅读策略的意识

和基本能力。

从思维角度来看，首先，预测需要进行思考。预测的结果无关对错，与原文作者观点一致的学生除了获得阅读成就感外，更多的是可以对已有的经验和预测起强化作用；与原文作者观点不一致的学生，在惊叹和好奇之余，也会对自我预测进行反思、调整和补充。如统编版语文三年级上册《总也倒不了的老屋》课后第一题提示学生："读课文的过程中，你有没有猜到后面会发生什么？"这个过程中，教师首先要引导学生借助文章的题目、插图以及文章内容的一些线索展开预测，使思维的产生和拓展有章可循、有法可依，而不是胡乱猜想。其次，预测需要被证实。预测在先，证实在后，证实预测结果的过程是一个非常复杂的思维活动过程。例如，如何去证实？如何面对预测的失利？这是一种学习上理性的、严谨的、逻辑的科学态度，如《胡萝卜先生的长胡子》一文，"胡萝卜先生的胡子刚好在风里飘动着"，后来可能还会发生什么？教师要引导学生根据文章内容和生活常识进行预测，并讨论你所预测的故事情节是否符合推测与想象。最后，预测需要被比较。在预测中阅读，可采用三种比较方式：一是自我预测与原文比较，在比对中发现预测与原文的相同点和不同点；二是同学与同学之间比较，在比对中发现同学之间预测的相同点和不同点；三是同学与老师之间比较，在比对中发现同学与老师之间预测的相同点和不同点。如《小狗学叫》一文，教材提供了这只不会叫的狗的三种结局，课后题引导学生思考："故事的几种结局可能是怎样的？"不同的学生可能会选择不同的结局，同一种结局学生通过推理和想象也会得出不同的结论，这时通过多维度的比较，就会发现不同学生思维的深浅与想象能力的区分，在对比中学会预测的不同角度与方法。

总之，预测的学习是一个点亮学生思维的过程，不应泛泛而谈、凭空设想和随意编造，教师在引导学生学会有根据地预测和推理的过程中，可以让学生在阅读中观察比较、提取整合、预测验证、得出结论，从而学会从文本表层发现规律，实现思维向深层化迈进。

北京师范大学林崇德教授主张建立"思维型课堂"，建议课堂教学要以聚焦思维结构的智力理论为基础，着眼于课堂教学中的思维活动，通过明确课堂教学目标、突出知识形成过程、联系已有知识经验、重视非智力因素培养、创设良好的教学情境、调动教师和学生积极主动的思维等方法，提高课堂的教学质量。好的思维品质决定了阅读的品质。“智美语文”的课堂实践有利于推动语文教师在阅读教学中更加关注学生思维品质的提升，通过多种阅读策略，引领学生思维多方位发展，有的放矢，循序渐进，让语文课堂教学中的思维培养落到实处，让思维训练真正在阅读教学中生根开花，以达到真正提升学生阅读力的目标。

二、关注学生生命的成长，提升学生的审美力

语文课本是承载和解读文化“美”的重要“器皿”。翻阅课本，形真、情切、意远、理蕴扑面而来，文化之美跃然纸上。“故人西辞黄鹤楼，烟花三月下扬州”“两个黄鹂鸣翠柳，一行白鹭上青天”“日出江花红胜火，春来江水绿如蓝”……无不彰显着传统诗词之美。“荷叶挨挨挤挤的，像一个个碧绿的大圆盘”“天上的云从西边一直烧到东边，红彤彤的，好像是天空着了火”“山上的积雪融化了，雪水汇成小溪，淙淙地流着”“夕阳斜照西山时，动人的是点点归鸦急急匆匆地朝窠里飞去”……记录了五彩斑斓的自然美。

一篇篇精彩的课文传递着语言美、情感美、自然美、艺术美等，因此语文学习是学生形成审美体验、发展审美能力的重要途径。在语文课堂中，教师要引导学生通过阅读鉴赏优秀作品，品味语言艺术，激发审美想象，体验丰富情感，领悟人生哲理，从而形成自觉的审美意识和审美能力，养成高雅的审美情趣和高尚的品位，成长为一个善于发现美、创造美的人。

文字具有独特的情感美。古人认为，一切景语皆情语，文字给世间万物赋予了美好的情感，而这些美好的情感也延续至今，成为中国人立世的精神和行为的指导。一个总是怀揣着美好情感的人，看到的周围的一切都是美好的，所创造的物质和精神财富也是美好的。因而，学生要理解和继承情感美，将美好的情感内化成自身的情感态度，而情感就蕴藏在文本之中。如读季羡林先生的《月是故乡明》，跟随季老先生的文字看过30多个国家许许多多的月亮，以及他笔下那轮“故乡苇坑上面和水中的那个小月亮”，仿佛也勾起了我们心中那个心爱的“小月亮”，“月是故乡明”的思乡、爱乡之情油然而生。

文字具有独特的音韵美。汉字音韵美除了受惠于汉字的声调、音节特点

外，还得益于它的音义同构现象。研究发现，许多汉语单字的发音与其所代表的含义具有某种契合，从而形成抑扬顿挫的音乐美，借此可奏出或激越高亢，或低昂沉郁，或简淡清亮，或重浊宏迈的乐章，其音韵之美变化无端，可使人闻之变色，或喜上心头，或泣下沾襟，于反复诵读中让人感受历史的厚重，让人从中感悟语言之美。如读《大自然的声音》一文，读着作者的文字，那轻轻柔柔好像呢喃细语的微风声，那敲敲打打仿若一场热闹的音乐会的小雨滴声，那叽叽喳喳、唧哩哩唧哩哩的鸟叫虫鸣声，好似穿过纸张回响在我们耳畔，让我们借助文字欣赏了一曲大自然的“合奏曲”，感受到大自然声音的美妙，激发起对大自然的热爱。

每篇课文都是作者生命经历和生活经验的写照，也是作者与文字相融的思想和情感的自然流露，所以阅读时应该遵循审美的原则，开展指向审美的言语实践，引导学生将自己的生活经验融入作品，加深学生的情感体验，丰富学生的想象和理解，引领学生走进文本世界，产生心灵共鸣，提升审美能力，获得情感熏陶。

美文
智语

中篇

“智美语文”的课堂建构

国文是儿童所需要的学科，国文是发展儿童心灵的学科。

——叶圣陶

“智美语文”的课堂特征

一、“智美语文”课堂崇尚“智”

歌德曾说过，“内容人人看得见，含义只有有心人得之，形式对于大多数人是一种秘密”。语文课不像数学课那样要进行缜密的逻辑思考和周密的推理，但要读懂文字背后的秘密就要特别关注汉语言文字的规律，体会其中的“精确妥帖”和“凝练精致”，要不断在阅读中思考，在思考中实践，才能获得语文知识、习得言语技能。因此，一节成功的语文课，一定是处处闪烁着智慧的光泽，在言语的体验和实践中促进学生思维的发展与提升。

小学阶段学生的语文思维能力主要分为形象思维和逻辑思维。儿童思维的特点是以具体形象思维为主，逐渐向抽象逻辑思维过渡。形象这一概念总是和感受、体验关联在一起，形象思维是用直观形象和表象解决问题的思维，而逻辑思维指的是一般性的认识过程，其中更多理性的理解，而不多用感受或体验。

（一）“智美语文”指向学生形象思维能力的形成和发展

形象思维的特点主要有形象性、非逻辑性、粗略性、想象性等特点。

形象性是形象思维最基本的特点。形象思维所反映的对象是事物的形象，思维形式是意象、直感、想象等形象性的观念，其表达的工具和手段是能为感官所感知的图形、图像、图式和形象性的符号。形象思维的形象性使它具有生动性、直观性和整体性的优点，如在语文学习活动中，学生通过有目的的观察，获得表象积累，这就是借助思维的形象性特点。

非逻辑性是形象思维区分于逻辑思维的重要特点。形象思维的非逻辑性表现在对信息的加工不是一步一步地、首尾相接地、线性地进行，而是可以调用许多形象性材料，一下子合在一起形成新的形象，或由一个形象跳跃到另一个形象。形象思维对信息的加工过程不是系列加工，而是平行加工，它可以使思维主体迅速从整体上把握住问题，但是形象思维的结果具有偶然性，有待逻辑的证明或实践的检验。语文课堂中，学生对教师提出问题的第一反应大多具有非逻辑性。

形象思维的粗略性特点是指形象思维对问题的反映是粗线条的，对问题的把握是大体上的，所以形象思维通常用于问题的定性分析。逻辑思维可以给出精确的数量关系，因此在实际的思维活动中，往往需要将形象思维与逻辑思维巧妙结合、协同使用。如语文课堂中，学生借助图片、视频等直观形象只能粗略地理解语言文字的表层意思，还需要结合资料去进一步分析和体悟其内涵。

想象是思维主体运用已有的形象形成新形象的过程。形象思维并不满足于对已有形象的再现，它更致力于追求对已有形象的加工，从而获得新形象的输出。所以，想象性使形象思维具有创造性的优点。小学阶段童话文体的课文在统编教材中占据了很大的比例，而童话的阅读正是为了有效地激发和培养孩子的想象力，促进他们形象思维能力的发展。

在小学语文教学中，要让儿童对语言文字及所描绘的形象充分感知，在头脑中聚集起多个生动活泼、多姿多彩的表象。根据形象思维的主要特点，在小学语文课堂中促进学生形象思维能力形成与发展的主要方法有以下几种。

1. 观察

观察一般指利用眼睛、耳朵等感觉器官去感知观察对象。观察法是一种常见的科学研究方法，也是促进学生形象思维能力形成的基本方法。观察能力是人们认识事物、辨别事物的能力，是小学生尤其是低年级学生打开智慧天窗的第一把金钥匙。小学阶段的学生思维能力处于初级阶段，对事物的认识与了解多借助于直观的感知。为了使学生的视觉观察力和思维辨认力能得到进一步提升，教师必须注重低年级学生观察能力的培养，有意识地对学生进行思维方法的训练。

首先，教学中要注意培养学生的观察兴趣。兴趣是最好的老师，教学中教师要通过创设情境等方法引导学生自觉、主动、积极地进行观察，而不是消极地完成任务，要让学生通过观察形成自己的想法和认知，获得观察的快乐。如观察图片时可以选择颜色鲜艳、内容有趣、能引起学生感官刺激的图片，观察生活中的事物时选择学生感兴趣的或者是不常见的，吸引学生的注意力，激发学生的观察兴趣。

其次，教师要注意引导学生明确观察的目标。观察是一种有目的的感知活动，在没有明确的观察任务时，观察往往是模糊的、零碎的和不完整的，而教师提出的一些有价值的思考问题，有利于将学生的观察引导到有目的、有意识和具体细致观察的轨道上，让学生获得新发现，学到新知识。如观察绿豆的发芽过程中，教师可以设置一系列的观察问题：绿豆要发芽前是什么样子？刚发芽的绿豆是什么样子？三四天后，绿豆芽大约能长多长？……一系列的问题不仅能让学生明确观察任务，也能引导学生进行细致的观察与记录。

最后，要注意教给学生观察的方法，这也是帮助学生形成观察能力的重要一环。语文课堂中指导学生观察常用的方法有以下几种。

（1）方位观察法：按照从上到下或从下到上，从左到右或从右到左，从里到外或从外到里的顺序进行观察。

如教学统编版语文一年级上册《明天要远足》这首儿童诗，阅读第二小节时，为了帮助学生更好地体会小主人公因期待第二天远足地方的美景而翻来覆去睡不着的心情，就可以让学生观察一下课文第二小节的插图。提出问题：按照从下到上的顺序你都观察到了哪些景色？哦，有一片美丽的大海，海面上有轮船，海滩上还有一棵翠绿的树和一只五颜六色的游泳圈，这就是小主人公好奇的那片“有许多种颜色”的大海。往上看，天空中有自由飞翔的海鸥，还有洁白柔软的白云，多么美的景色啊，这也正是小主人公最期盼看到的！借助这样有顺序的观察可以帮助学生更好地走进童诗，感受小主人公的心情，读懂诗歌。

（2）主次观察法：一般指引导学生按照从主到次、从大到小的次序进行有顺序的观察。

如教学统编版语文一年级上册《大小多少》一课，本课主要引导学生通过对具体事物的观察和对比了解"大小多少"，教学时为了增加课堂的趣味性，教师可以通过观察图片的方式让学生自己展开判断，说一说图片上哪些大，哪些小，哪些多，哪些少，有效地达成教学目标。

（3）远近观察法：可以按照先近后远，也可以由远及近地进行观察。

如教学统编版语文一年级上册《画》这首诗时，教师就可以先引导学生自主观察课文插图：在这幅图里，远处你观察到了哪些景物？近处你又观察到了哪些景物？通过这样的观察方法先让学生了解这幅画的大体内容，从而更好地帮助学生了解"远看山有色，近听水无声"的意思。

（4）时间观察法：指按时间先后次序对事物进行有目的的观察，如早晨、中午、傍晚，或者是春夏秋冬四季的顺序。

时间顺序是小学阶段教材中写景文章的常用顺序，按照时间顺序进行观察有利于学生了解事物在不同时间阶段的不同特点，也有利于学生有规律地观察事物，描写景物特点。如教学统编版语文三年级上册《金色的草地》一课，就要引导学生按照早上、中午、傍晚的时间顺序体会作者观察的细致，了解草地变成绿色和金黄的秘密；教学同册《美丽的小兴安岭》一文，则要学习作者按照一年四季的顺序观察描写景物的方法，突出景物的美丽。

（5）分层观察法：常见的是由整体到部分或由部分到整体地进行分析观察。

大自然赐给我们许多珍贵的礼物，只有留心观察才能发现它们。统编版语文三年级上册《读不完的大书》作者朱维之便是这样一位善于观察的人，"空中的浮云飞鸟，水里的虾蟹游鱼，地上的走兽昆虫、花草树木"，世间万物，都引起了他的沉思与遐想。学习这篇文章，学生不仅要感受作者生动的语言，也要学习作者这种细致的观察方法，正是作者对大自然从整体到部分的细致观察，才让他发现了大自然中那么多"好玩的东西"，探寻到了无穷的奥秘，获得了无尽的乐趣。

（6）周期观察法：这是一种常用于动植物生长过程的观察方法。

统编版语文四年级上册第三单元的习作便是以"观察日记"为主题引导学生开展连续性观察和周期观察，并记录观察的过程和观察对象的变化。教材也以叶圣陶先生的《爬山虎的脚》和法布尔的《蟋蟀的住宅》为例，让学生学习如何观察动植物的生长过程。

当然，课堂上的观察方法并非拘泥于一种，也可以根据教学情况引导学生运用多种观察方法进行观察，在细致观察、尝试表达的过程中提升学生的形象思维能力。另外，当对具体的事物进行观察时，教师还要注重引导学生调动多种感官去进行细致的观察。

统编版语文三年级上册《我爱故乡的杨梅》一文，作者通过对杨梅外形、颜色以及味道的变化进行细致观察，将故乡的杨梅生动有趣地展现在读者面前。在对具体事物进行观察时，教师也可以引导学生运用用眼看、用耳听、用鼻闻、用舌尝、用手摸、用心感受等多种感官去走近观察对象，进行细致观察。

总之，在语文课堂中学会观察有利于帮助学生树立科学思想和细节意识，带来丰富的观察体验，让学生的表达能渐渐变得规范得体和准确生动，在提升形象思维的同时，也在语言实践中有效地促进逻辑思维的提升。

2. 模仿

模仿是人类与生俱来的本领，从出生时的牙牙学语到长大后的生活工作都离不开模仿。人类的许多发明创造都是以模仿为基础的，没有模仿，人类就不可能有今天，正是由于前人模仿鸟的飞翔，才有了翱翔于天空的飞机。可见，模仿的过程是学习前人经验的过程，也是创新的前提。

我国著名语言学家吕叔湘先生说过，语文就是适当地模仿和不停地实践。小学生由于阅历较少，生活经验不足，他们的理解能力、思维能力、创造能力都有一定的局限性，但却具有强大的模仿能力，因此模仿是帮助学生形成形象思维能力的基本方法。“模仿”从广义上讲指以某种原型为参照，在此基础之上加以变化产生新事物，那么在语文学习中具体指学生以某种言语范式为参照，进行说或写的模仿，在模仿的过程中也促进了学生创造性思维能力的提升。

在小学语文的起步阶段，无论是组词、造句还是段落、文章的书写，靠的就是模仿，因此在语文学习中要加强学生的模仿训练，尤其是在阅读教学中要预设好学生的生长点，激发学生的情感和思维，拿出一定的时间创设情境让学生模仿，在模仿中提升学生的言语实践能力。

（1）在模仿中训练和提升学生的口语表达能力

口语表达能力是学生必备的生活能力，“说”的能力最早从模仿开始。因此在课堂中，首先，教师要创设氛围，激发动机，为学生创设模仿口语表达的情境。口语交际具有很强的实践性，教师要根据小学生注意力容易分散、形象思维占优势的特点，依据教学内容，尽量模拟社会生活中口语交际的实际创设情境，形成良好的氛围。教师要以身示范，严格规范自己的教学语言，并通过录音、广播电台等形式为学生直观的学习和模仿正规语言提供有效途径，在模仿中有效改善学生说话不完整、缺乏条理性、用词不当、夹带方言土语、重复等问题，让学生在轻松愉快的氛围中进行口语交际，无拘无束地自由表达。

如学了有趣的童话故事，可以让学生复述给爸爸妈妈听一听；母亲节到了，请学生在课堂上朗读一些赞美母亲的名言佳句，并读给自己的母亲听；班级新转来一名小同学，通过与他交流了解他的情况并把他介绍给其他同学；等等。

其次，教师要注意结合读写，积累词语，让学生会说。阅读教学中，教师要注意在朗读复述中进行口语训练，在读写中训练口语交际。要让学生不断地从教材优美的文章中汲取语言素材，丰富自己的词汇量，模仿优美的句式，在学与用中加强语言的迁移运用能力，在复述和模仿中提升口语表达能力。

如教学统编版语文二年级上册《雾在哪里》一课，课后题要求仿照课文句子“雾把大海藏起来了。无论是海水、船只，还是蓝色的远方，都看不见了”，说一说雾还把什么藏了起来，以及藏起来之后的景色。教学时教师就可以引导学生通过观察图片仿照“无论……还是……都……”的句式进行口语训练：想一想当雾把城市藏起来是什么样的呢？“雾把城市藏起来了。无论是房屋、街道，还是行人和小黑猫，都看不见了。”当然也可以进一步引导学生进行拓展练习：除了课文里写到的，雾还会把什么藏起来呢？有同学想象雾还会把校园藏起来：“雾把校园藏起来了。无论是操场、教学楼，还是旗杆和大树，都看不见了。”雾还会把公园藏起来：“雾把公园藏起来了。无论是大树、小花，还是鸟儿和小松鼠，都看不见了。”

最后，还要注意虚拟语境，模仿角色，让学生善说。口语交际应当为学生提供多对象、多情境的实践机会。教师可以虚拟一个临时的口语交际单位，让学生分别扮演不同的角色，如可以进行画面解说、自我介绍、小组讨论、组间竞争、角色表演、演讲辩论，也可以进行对话、采访、问答等，通过师与生、生与生多向互动，充分体现交际，让学生在虚拟语境中模仿角色，真正主动参与到丰富多彩的口语交际活动中。

如统编版语文四年级下册第二单元就以“说新闻”为口语交际主题，要求学生从最近了解的新闻中，选一则感兴趣的和同学交流。课前教师可以布置学生观看《新闻联播》等电视新闻节目，了解主持的方法和注意事项，模仿主持人进行练习。课上交流时教师可以模拟新闻发布会的形式让学生身临其境地模仿电视台主持人“说新闻”，学生可以根据选择的新闻题材，按照“时事”“文化”“教育”“体育”等板块自由组合，新闻发布人要做到灵活机智、声音洪亮、吐字清晰，富有感染力。最后还可以评一评“头条新闻”“热门新闻”和“最佳主持人”等，让学生在虚拟语境中模仿新闻主持人的角色，提高口语交际能力。

口语交际的培养不是一朝一夕的事，而是一个日积月累的过程。在实际教育教学中，教师要引导学生从模仿开始，规范自己的语言范式，丰富自己的语言素材，使学生在潜移默化中提升口语能力。

（2）在模仿中训练和提升学生的习作表达能力

朱熹说：“古人作文作诗，多是模仿前人而作之，盖学之既久，自然成熟。”习作教学中的模仿指的是在习作时，模仿运用平时积累下来的一些语言素材和表达范式，在模仿的过程中逐渐形成自己的写作特色。刚进行写作时，每个人都会不同程度地模仿和借鉴他人的文章，小学低年级语文习作中，教师可以让学生积累一些有特色的词语，尝试用一些简单的句型造句，或是根据例句进行仿句练习，来帮助学生完成优秀词句的积累，形成良好的语言习惯，培养习作兴趣。当他们积累了一定的语言经验，加之对生活中某一事物有了一定的认识后，就会以习作的方式将其记录下来，这样一来，学生就会感觉到习作练习是一件有意义的事情。

单个词的模仿。根据小学生认知由易到难的特征，低年级的模仿应从单个词开始。单个词模仿教学，教师要注意帮助学生及时发现和总结那些有新鲜感的词汇，加强语言的积累，为写作打下良好的基础。

如统编版语文一年级上册《小蜗牛》一课，"小树长满了叶子，碧绿碧绿的"一句中出现了"碧绿碧绿"一词，教师可以引导学生进行模仿训练：像这样的词你还想到了哪些？许多学生不难模仿说出"金黄金黄""火红火红""乌黑乌黑"等词。教师也可以适当进行拓展：我们不光可以用四个字的形式来描写颜色，还可以用三个字的形式来描写颜色，像"绿油油"。谁能再来试着说几个？学生纷纷回答"金灿灿""红通通""白花花""灰茫茫"等词。通过这样的词语模仿训练，学生不仅积累了大量的新鲜词汇，也在模仿与思考中提升了形象思维能力。

精彩句式的模仿。课文中有许多精彩的句式值得学生进行模仿和练习，久而久之，学生在自己的习作中就能学会迁移运用。

如学习统编版语文三年级上册《秋天的雨》一课，朗读品读课文第2自然段时，为了让学生更好地理解"秋天的雨，有一盒五彩缤纷的颜料"这个句子，感受秋天五彩缤纷的色彩，教师可以让学生就"你看，它把黄色给了银杏树，黄黄的叶子像一把把小扇子，扇哪扇哪，扇走了夏天的炎热。它把红色给了枫树，红红的枫叶像一枚枚邮票，飘哇飘哇，邮来了秋天的凉爽"这组句子，仿照课文句式，发挥想象，进行仿写，尽情描绘秋天的颜色。如有的学生写道："你看，它把紫色给了葡萄，一串串紫色的葡萄像一颗颗晶莹的宝石，摇啊摇啊，摇来了秋天的香甜。"有的学生写道："它把白色给了蒲公英，洁白的蒲公英像一个个降落伞，飘啊飘啊，飘上了金秋的蓝天。"还有的学生写道："它把紫色给了牵牛花，紫色的花朵像一个个小喇叭，吹啊吹啊，吹来了秋天的丰收。"教师围绕一个句式，借助模仿的方法，让学生充分调动言语经验和生活经验，在表达与想象中感受思考的快乐。

精彩段落的模仿。语段仿写主要是让学生学习掌握围绕中心句，或由总而分，或由概括而具体，或由分而总，或按一定顺序表达的技能，围绕一个意思写清楚。

统编版语文三年级上册第六单元的习作主题是"这儿真美"，要求学生围绕一个意思把身边的一处美景介绍给大家，写作时学生可以就本单元课文《富饶的西沙群岛》和《海滨小城》中的精彩段落进行仿写。如《富饶的西沙群岛》第3自然段围绕"鱼成群结队地在珊瑚丛中穿来穿去，好看极了"一句，通过句式"有的……有的……有的……"展现了西沙群岛鱼群的种类繁多和美丽有趣。有学生在写公园的鸟时就模仿了这个段落："鸟成群结队地在树枝间飞来飞去，好看极了。有的浑身裹着五颜六色的条纹；有的头上长着一簇簇金光闪闪的羽毛；有的像披上了五光十色的大皮袄；有的嘴巴红红的，就像抹了口红；有的浑身雪白，如同大森林里的片片雪花；还有的小巧玲珑，活像一个个小精灵。正如人们所说的那样，大森林里一半是树叶，一半是飞鸟。"通过这样的段落模仿生动地展现了公园鸟儿的美。又如写校园的树，可以仿照《海滨小城》第4自然段描写树的段落："校园的小树林中栽满了树。有芙蓉树、梧桐树、槐树，还有不太常见到的铁树、银杏树、小叶榕等。初春，槐树上槐花的香味散发出来，飘得满校园满教室都是。芙蓉树开了花，开得那么热闹，小树林好像笼罩在一片片红云之中。"通过这样生动优美的段落仿写，展现了校园小树林的美。

篇章的仿写。教材中有很多课文在谋篇上很有特色，适合学生进行仿写。篇章的仿写主要是训练学生的谋篇布局能力，学习范文的结构方式。

如写《美丽的校园》一文，就可以指导学生根据《美丽的小兴安岭》一文的篇章结构进行仿写。文章首尾呼应突出校园的美，中间分别按照春夏秋冬的顺序记录校园四季的美。春天，突出校园的勃勃生机；夏天，突出校园的五彩缤纷；秋天，突出校园的丰收喜悦；冬天，突出校园的银装素裹。具体的段落中还可以仿写文中的比喻句和拟人句，如写池塘小鱼的句子可以仿照小鹿在溪边散步的句子："小鱼在池塘中自由地游来游去，它们有的吐着一串串的水泡泡儿，有的侧着脑袋欣赏自己在水里的影子。"

总之，模仿是小学生语文学习的第一步，在语文学习中起着至关重要的作用，是学生以后更熟练更恰当地运用语言的基础。创新是知识积累到一定程度后迸发的火花，没有模仿就没有创新。语文课堂上的模仿可以将听说读写能力有效地结合在一起，学生在模仿的过程中既加强了言语的积累，又进行了言语的实践，为思维的发展注入了活力。

3. 联想

从科学角度来看，"联想"是指人脑记忆表象系统中，由于某种诱因导致不同表象之间发生联系的一种没有固定思维方向的自由思维活动。简单来说，联想就是从一种事物想到另一种事物的心理过程，是一种由此及彼的思维活动。在语文学习中，联想能唤起学生对旧知识的回忆，沟通知识内在的联系，提供解决问题的线索，促进学生智能的发展。架起联想的桥梁，可以打破思维定式，活跃思维、拓宽思路，加深对文章内容的理解。

语文学习中的联想主要有以下几种方法。

（1）相关联想

相关联想又称为"接近联想"，主要指以某一事物作引子，引起与此事物有关的事物的联想。具体来说，就是由一个人或事物想到在空间或时间上相接近的另一个人或事物。运用相关联想，可以使思维更活跃，使认识和理解更丰满、更深刻。

如《月是故乡明》一文写的是季羡林由在北京看到的一轮明月联想到自己到过的30多个国家看到的许许多多的月亮，以及自己永远忘不掉的故乡苇坑上面和水中的那轮小月亮。季老先生正是由月亮联想到了那点滴往事，抒发了对故乡的思念之情。又如吴然的《走月亮》一文，也是借秋天的夜晚从洱海那边升起来的那轮月亮，联想到自己小时候与阿妈走月亮的美好经历，表达了对阿妈的思念之情。

（2）相似联想

相似联想是指由一个人或事物想到跟他们有相似之处的人或事物。相似联想反映事物间的相似性和共性，因此一般的比喻都是借助相似联想，如以苍松翠柏形容坚强的意志，以梅兰竹菊形容高洁的品格。相似联想一般分形似与神似两种。

取其"形似"，如由床前的"明月光"联想到"地上霜"，由春雨想到绣花针、细丝和牛毛，由百草园中的覆盆子联想到小珊瑚珠攒成的小球……

取其"神似"，如由从那矮矮的长在地上、果实深埋地里的落花生联想到那些"虽然不好看但是很有用"的人，从那朵朵冷艳、缕缕幽芳的梅花联想到几千年来那些顶天立地、不肯低头折节的中国人……

（3）类比联想

类比联想是指将相同或类似的两种事物、两种现象放在一起，加以类比，以此来揭示事物之间的共同属性，从而给所描写的事物推出一个确切的结论，它的基础是逻辑学中的类比推理，这种联想有助于人们对事物本质属性的认识。

鲁迅先生的文章中就多用类比联想的方法揭露旧社会的黑暗以及旧社会底层人民的愚昧无知。如《药》这篇小说就是通过茶馆主人华老栓夫妇为儿子小栓买人血馒头治病的故事联想到旧社会“吃人”的本质，揭露了长期的封建统治给人民造成的麻木和愚昧，抨击了旧社会的落后以及统治者的凶狠残忍。

（4）对比联想

对比联想是把两种事物或一种事物的两个方面进行对比，突出所表现事物的性质、特点等。当两种事物在性质、大小、外观等方面存在相反的特点，人们在认知到一种事物时会从反面想到另一种事物，如由高山会想到流水，由黑暗会想到光明，忆苦会思甜等，在语文学习中运用对比联想可以提高学习效率，加深对事物性质和特点的认识，也有利于加强记忆，促进回忆。

闰土和杨二嫂是鲁迅《故乡》中的两个重要人物，鲁迅在文章中着重对他们20年前的外貌和20年后的外貌进行了对比描写：20年前的杨二嫂擦着白粉，人称“豆腐西施”；20年后的杨二嫂“凸颧骨，薄嘴唇”，“像一个画图仪器里细脚伶仃的圆规”。20年前的闰土“紫色的圆脸，头戴一顶小毡帽，颈上套一个明晃晃的银项圈”，充满了生机与活力；20年后再次见到的闰土却不再是记忆中的他了，“先前的紫色的圆脸，已经变作灰黄，而且加上了很深的皱纹；眼睛也像他父亲一样，周围都肿得通红”“头上是一顶破毡帽，身上只一件极薄的棉衣，浑身瑟缩着；手里提着一个纸包和一支长烟管，那手也不是我所记得的红活圆实的手，却又粗又笨而且开裂，像是松树皮了”。鲁迅借这两个人物不同时期的鲜明对比反映了辛亥革命前后农村破产、农民痛苦生活的现实，同时深刻指出了由于受封建社会传统观念的影响，劳苦大众所受的精神上的束缚，造成纯真人性的扭曲，造成人与人之间的冷漠、隔膜，表达了鲁迅对现实的强烈不满和改造旧社会、创造新生活的强烈愿望。

（5）因果联想

因果联想是用于揭示事物之间因果关系的联想，具体指两种事物之间存在一定的因果关系，由一种原因会联想到另一种结果，或由事物的结果联想到它的原因等。运用这种联想，可以使文章前后连贯，说理严密。

古诗中的说理诗多运用因果联想的方法表达诗人的观点，直抒胸臆，这些诗句被传诵千年，经典至极。如苏轼的"不畏浮云遮望眼，只缘身在最高层"说明因为身在最高层，所以不怕浮云遮挡自己的视野；朱熹的"问渠那得清如许，为有源头活水来"说明有了源头的活水，才有了清澈的渠水；陆游的"纸上得来终觉浅，绝知此事要躬行"说明从书本上得来的知识，毕竟是不够完善的，如果想要深入理解其中的道理，必须亲自实践才行；王之涣的"欲穷千里目，更上一层楼"说明若想看到千里之外的风光景物，那就要登上更高的城楼；刘禹锡的"沉舟侧畔千帆过，病树前头万木春"告诉人们不要为一时的困难险阻所吓倒，损失是常有的，旧的不去，新的不来，新事物必将取代旧事物，胜利总是会和勇敢者同在；杜甫的"会当凌绝顶，一览众山小"说明人的视点越高，视野就越宽广，随着视野的转换，人们对人生也会有新的领悟。

（6）接近联想

接近联想又可以称作"时近联想"或"邻近联想"，指的是当一个人同时或者先后经历两件事情（某种刺激或者感觉），所经历的这两件事情会在人的思想里互相联系、互相结合。往后，当想起其中一件事情的时候，另一件事情自然会浮现在脑海中。在美学上，指两个事物在时间上、空间上和经验上相接近，由一个事物的知觉和回忆会引起对另一个事物的联想，从而产生相应的情绪反应。

南朝宋刘义庆在《世说新语·假谲》中记录了"望梅止渴"的故事。曹操带兵行军途中，失去了有水源的道路，士兵们都很渴，于是他传令道："前边有一片梅子林，果实非常丰富，又酸又甜可以解除我们的口渴。"士兵听后，嘴里都流出了口水，（曹操）利用这个机会把士兵们带领到前方有水源的地方。这里运用的就是接近联想的方法，当听到梅子的时候，士兵们头脑中所有和梅子相关的感受被调动起来，想到梅子的酸甜味道，自然会促使唾液的分泌，激发前行的动力。

联想在语文学习中的作用是不可低估的，联想法十分有益于培养阅读者的创造性思维。我们在教学时要注意以下几个方面。

第一，联想要努力跳出自身思维的框架。如果在读书过程中学生所展开的一系列联想都与知识本身相差不远，或与别人一般性的想法没有多大区别，那么这种联想就可能没有多大的价值。所以，阅读时要尽量引导学生克服各种惯性的约束，自觉地、有意识地让自己进行多方面特别是独到的联想。

第二，联想要符合客观规律。千万不要为联想而联想，毫无根据地胡思乱想。只有顺理成章、水到渠成，才会有所提高、有所进步。

第三，联想不要脱离书本知识与社会实践。书本知识和社会实践是联想与想象的前提，学生对书本知识理解得越全面、越深刻，其联想的基础就越扎实、方向就越明确，独到的见解和新观念产生的可能性就越大。另外，阅读者的社会生活经验和体会积累得越多，联想的外延就越宽，内容也将更加精彩丰富。

第四，联想不要局限于一种内容和形式。联想要尽可能多种多样，要善于从各个不同的侧面、层次、角度、重点去探索和追寻，比如可以把类似联想、接近联想、对比联想等融合起来，交叉组合运用，然后再加以科学的联想。只有通过联想，阅读者才能知疑善思、举一反三、触类旁通。这种不仅读懂书中的知识，而且获得书本之外的东西的阅读战略，才真正称得上用书之智。

总之，如果想做到“思接千载，视通万里”，就一定要重视联想在语文学习中的作用。

4. 想象

人类自混沌中走来，脚下所感知到的是广阔大地，心中所向往的是璀璨天空。古有嫦娥奔月、海底龙宫的想象，今有火箭探月、潜艇深潜的实践，正是在对未知的大胆想象和勇敢实践之中，人类创造出一个又一个进化的伟绩。由此可见，想象是人类的天赋能力，具有认知、情感等多方面的功能。想象指在改造记忆表象的基础上创造出新形象的心理活动，包括收集材料、感知材料、筛选材料、重新组合材料、再造新的形象。按照对事物的客观描述，在头脑中构成的形象叫再造想象；新形象的独立创造叫创造想象。想象是一种特殊的思维形式，它能突破时间和空间的束缚，所以，想象使形象思维具有创造性的优点。

刘勰认为，“文之思也，其神远矣。故寂然凝虑，思接千载；悄焉动容，视通万里；吟咏之间，吐纳珠玉之声；眉睫之间，卷舒风云之色”。他对想象的描述说明想象既能娱悦人的身心，又能给人们的继续学习带来不竭的动力，更加明了地指出了想象与语文及语文学习的关系。

在语文教学中，教师引导学生借助语言的描绘，在头脑中再现画面，然后结合自己已有的表象，再组合置换，产生新的形象。想象的发展，一是可以丰富思维的内容，给思维提供材料；二是借助个性鲜明的形象，通过抽象概括初步认识事物的本质。从这个意义上说，想象的过程在一定程度上就是形象思维的过程。因此，发展想象必然促进思维发展，特别是形象思维的发展。

统编版小学语文教材十分注重对学生想象能力的培养，如三年级下册第一单元要求"试着一边读一边想象画面，体会优美生动的语句"，三年级下册第五单元要求"走进想象世界，感受想象的神奇；发挥想象写故事，创造自己的想象世界"，四年级上册第一单元要求"边读边想象画面，感受自然之美"。那么具体应如何激活小学生思维，培养想象能力呢？

首先，要扩充表象，让学生积累丰富的想象材料。

表象是曾经作用于人的事物在头脑中留下的形象，它是想象的基础。想象的水平依赖于表象的数量和质量，想象的基本材料是表象，没有表象和经验为基础的想象只能是无源之水、无本之木。一个人头脑中储备的表象越丰富，知识越丰富，想象就越开阔、深刻；反之，表象越贫乏，想象就越狭窄、肤浅，有时会失真。丰富的表象来自对直接和间接生活的大量接触、认真观察。因此，教师应通过多种途径丰富学生的表象积累，以开阔学生的想象。

一要多看。生活经验是想象生成不可或缺的基础，小学语文教材中的语言情景跟学生的现实生活经历有着必然的联系，阅读时必须联系自己的生活经验才能想象课文所描绘的情境。因此生活中要引导学生多看各种有益的图片、书籍，多看有教育意义的电视、电影、戏剧、文艺节目等，看生活中各种各样的人、事、景、物，看五彩缤纷、绚丽多彩的大自然美景，这样有利于帮助学生在头脑中积累丰富的表象材料。

插图是语文教材的重要组成部分，它犹如"神奇的语言"，是课本中的重要资源。运用好这些插图，既能激发学生的学习兴趣，也能有效启发学生的想象，培养和发展学生的想象力。儿童想象力丰富，儿童的世界就是童话的世界，以统编版语文一年级上册为例，教材插图充满了浓浓的儿童味，仔细阅读插图可以引发学生的丰富想象。如：《小小的船》中的小女孩坐在了弯弯的月亮上；《拔萝卜》中的老公公、老婆婆、小姑娘、小狗、小猫和小老鼠，他们齐心协力地排成了队；《jqx》中“下棋”的是大猩猩和小瓢虫……同时，教材插图也多使用卡通人物形象，无论是简单勾画的人物轮廓，还是有背景组合的场景图画，人物造型均鲜活可爱，很容易使小朋友产生兴趣。对于动物形象，运用了拟人化的手法，也采用了卡通设计，形象变得更加生动有趣。因此，教师一定要注意使用教材中丰富的插图资源，从儿童的视角去观察生活，启发学生的想象力。

二要多听。不只是用眼睛看，用耳朵听也是启发学生想象力的有效途径，如听英模的报告、老师的教诲，听名家朗诵、优美乐曲，听讨论会、座谈会、辩论会等，都可以为学生输入大量的表象资料。

言语的发展与想象的发展关系密切。小学生的想象是在言语的调节下进行的，并以言语的形式表达出来。小学生的言语发展只有达到一定的水平，他们的想象才可能从直观形象提高到词语描绘的水平，使想象变得更加广阔、深刻，更加概括且富有逻辑性。语文课堂中，言语交流对学生想象力的培养也起着一定的重要作用。例如：教师生动的讲述，可以激起学生浮想联翩；系统生动的复述，或有表情朗读、分角色朗读，这些都能使学生不同程度地进入角色，以作品中人物的身份，按情节发展所规定的情景以及作者的心理状态去展开想象。因此，教师在教学中要重视用丰富、优美、清晰、生动形象化的语言描绘事物，这对提高小学生言语表达能力，发展其想象力，会起到潜移默化的作用，同时为他们表现想象力做出榜样。

三要多走。俗话说“读万卷书，行万里路”，多走多看有利于开阔学生的视野，在饱览祖国大好河山风景的同时，还可以了解当地的风俗民情、地方特产及历史典故和逸闻趣事，丰富孩子的阅历和经验，为孩子插上想象的翅膀。

李白是我国浪漫主义诗人，他的诗歌中有着丰富的艺术想象，过去、现在、未来、天上、人间、地下，艺术想象的翅膀任意飞翔。李白一生的足迹几乎遍及祖国大江南北，这样丰富的游历为他的诗歌创作提供了源源不断的想象源泉。他寄情山水，放浪形骸，对自然景物不是冷漠地观赏，而是热情地赞叹，借以抒发自己的理想感受。那飞流惊湍、奇峰险壑，赋予了诗人的情感气质，因而才呈现出飞动的灵魂和伟岸的姿态。李白善于把想象、夸张和神话传说融为一体，进行写景抒情。站在庐山脚下，他吟诵“飞流直下三千尺，疑是银河落九天"，把那水流湍急、一泻而下的瀑布想象成"落九天"的银河；走在异常艰险的蜀道上，他不禁感叹"连峰去天不盈尺，枯松倒挂倚绝壁"；登上金陵凤凰台，他想象着这儿或许曾经"凤凰台上凤凰游，凤去台空江自流"；独自坐在敬亭山上，看着"众鸟高飞尽"，想象连山顶的孤云也可能"独去闲"……白鹿置于青崖，须行即访名山，李白的一生便是那个不羁的身影留下的一行行浪漫的诗歌。

四要多做。劳动是促进社会发展之动力，也是人成长所需之课堂。我国古人既有"一屋不扫，何以扫天下"之问，也有"一室之不治，何以天下家国为"之训。劳动教育通过以劳树德、以劳增智、以劳强体、以劳育美，为成就青少年学生的幸福人生奠定坚实基础。我们不难看到，劳动是创造的基础，孩子们在劳动中既要动手又要动脑，是一种创造性活动。可见，劳动不仅能培养学生的生活技能，而且能促进人的体力发展和智力发展，有利于提升学生的想象能力，培养学生的创新精神和实践能力。

孩子在家动手做家务，进行科学小实验，制作手工小制作，种植花草，收集邮票，喂养动物，参加学校劳动和力所能及的生产实践活动、社区公益活动……凡此种种，都会在学生的头脑中留下或深或浅的痕迹，呈现出一个色彩斑斓的大千世界。学生的生活经验越厚实，表象积累越丰富，想象就越开阔。

语文实践活动是学生语文素养形成与发展的重要途径，生活中处处有语文，而各类劳动都具有不同程度的创造性，有利于提升学生的想象力，也有利于为孩子的语文学习积累丰富的素材和经验。如可以从家庭劳动入手，洗碗、洗衣、拖地、浇花等，学生在参与家庭劳动的过程中，达到"以文促劳、以劳促学"的目标；还可以从社会劳动入手，如义务植树、社区服务、志愿者服务等活动。在实践中，孩子可以巩固课堂上的所学所感，也可以利用自己的聪明才智想出一些新点子帮助他人克服困难，这种劳动实践既是一种服务他人、教育他人的过程，也是服务自己、教育自己的过程，孩子在实践中成长的速度更快。另外，学习劳动技能也是一种培养学生创新精神和实践能力的有效途径，在日常生活中可以安排他们多多学习一些生产和生活技能，比如养小动物、养花、种植蔬菜、学习厨艺、剪纸、刺绣等，既能强化学生的劳动实践技能，也能充分调动孩子的动手动脑能力，使其想象力在潜移默化中得到提升。

其次，要营造和谐氛围，培养学生的想象意识。

语文教材中的课文，大都文质兼美：有赞美祖国壮丽山河的，有歌颂人物美好心灵的，有记录感人至深故事的……阅读这些文学作品，不仅可以愉悦学生耳目，激发他们的情趣，更重要的是能在学生心中泛起涟漪，掀起波澜，产生丰富的想象力。

美丽的景色能够唤起学生对大自然的无限热爱，美好的人物能够唤起他们对真、善、美的追求，壮丽的山河能够唤起他们的爱国情感，绚丽多姿的未来能够唤起他们对生活的美好憧憬……因此，作为语文教师，就要在课堂上给学生营造和谐的氛围，让学生无拘无束地去阅读、去体验、去感悟，培养学生的想象意识。

具体生动、优美感人的情境具有巨大的感染力，可以激发学生的情感和想象。语文教学中可以通过语言描述、实物展示、音乐渲染、现场表演、图片显示、录像再现和生活模拟等手段创设情境，让学生置身于感知、理解、感悟、动情、想象的氛围之中，从而达到培养情感、激发想象的目的。

如教学统编版语文三年级下册《荷花》一课，可以让学生观察图片说一说：你看到了怎样的景象？学生看到了池中荷叶茂盛、荷花盛开的美丽景色。教师趁机追问：再仔细观察一下，你看到了荷花有哪些不同的样子，它们分别都像什么？学生纷纷举手发言，借助图片发挥想象，有的说那朵半开的荷花像一个害羞的小姑娘，遮遮掩掩藏在茂密的荷叶里，“犹抱琵琶半遮面”；有的说那朵最大的荷花像一个领舞者，雪白的衣裳随风飘动，伴着清风的奏乐翩翩起舞……孩子们借助图片想象出了不同的画面，活跃了思维，激活了情趣。

在语文教学中，音乐也是加深学生体验、激活学生想象力的一个重要手段。音乐的作用是神奇的，其魅力之大，是其他教学手段所无法替代的。音乐既可以以其纯净之声愉悦人的感官，又可以令人感动或激发人的感情，尤其是在语文课中，当音乐出现在“词尽之处”，美妙的旋律营造出优美的情境，能够有效加深学生的情感体验，使学生更加深刻地理解课文内容和作者蕴藏在字里行间的情感，进而展开美好的联想与想象。如教学统编版语文五年级下册《祖父的园子》一课，当读到园子里“一切都活了，要做什么，就做什么。要怎么样，就怎么样，都是自由的”这一段时，自由欢快的音乐声响起，学生伴着萧红的文字仿佛走进了那个倭瓜愿意爬上架就爬上架，黄瓜愿意开几朵花就开几朵花，玉米愿意长多高就长多高的园子。教师可以进一步让孩子发挥想象：在这个园子里还有哪些景物也是自由的？有的学生说土豆愿意长多大就长多大，有的学生说西红柿愿意长几个就长几个，还有的同学说樱桃树愿意开花就开花、愿意结几颗樱桃就结几颗樱桃……著名音乐家贝多芬曾说，音乐是比一切智慧、一切哲学更高的启示，音乐对在语文课上增加学生的情感体验、激活学生的想象力起到了良好的催化作用，因此恰如其分、恰到好处的使用音乐，有利于营造和谐的课堂氛围，激活学生的想象力。有关"智美语文"课堂上音乐的具体使用方法与技巧，我们在后边的章节中还将做进一步的详细探讨。

总之，学生的想象力不是天然生成的，而是靠日积月累的浸润与开发，一个善于营造课堂情境的教师可以更好地激发学生的情感和想象，获得更好的教学效果。

最后，要充分利用教材，提升学生的想象力。

著名学者萧乾先生说过，文字是天然含蓄的东西，要让学生在语文学习中得到美的享受，读出文字背后的深意，教师就应该充分利用教材，启发学生想象，鼓励学生展开想象的翅膀，让他们在语文艺术的天空中翱翔，从中得到美的体验。

（1）积累教材中的丰富词汇，活跃学生的想象力

语文教学中那些精妙的思想，离不开优美传神的语言来表达。如果没有足够量的语言积累，就会显得苍白无力。语言不仅是交际的工具，也是思维的工具。一个语言贫乏的人，他的思维得不到高度发展。因此丰富学生的词汇，无疑是活跃想象的有效手段。

学生的想象活动是在语言的调节下进行的，并以语言的形式表达出来。只有积累了丰富的词汇，才能准确描绘出不同的形象。拿作文来说，具有同样想象力的学生，由于词汇的掌握和运用不同，语言表达能力不同，其想象的表达则有丰富生动与枯燥乏味之分。因此，无论是字词、阅读和作文教学，都要充分重视语言的教学，让学生掌握描绘各种事物、想象的词汇，以发展和提高学生的语言表达能力，活跃学生的想象。学生在不断的、反复的语言积累与运用

中，既激活了自身的语言积淀，又吸纳了他人的新鲜词汇，实现了语言的再积累。学生的语言积累越丰富，想象越开阔，表情达意就越挥洒自如。

一个词的背后躲藏着一个世界。读统编版语文三年级上册《大自然的声音》一文，抓住“美妙”一词让学生发挥想象，问学生都听到过大自然中哪些美妙的声音，学生纷纷分享。那作者是怎么描述他听到的那些美妙的声音的呢？在他的眼里，风、水、小动物都是大自然的音乐家，这篇文章中作者描绘声音的词语特别丰富，教师可以请学生自己积累有新鲜感的词汇，并说一说从这些词中想象到了哪些画面。学生读到“呢喃细语”一词，想象到了那轻轻柔柔的微风拂过脸庞，好似母亲一样对自己温柔地诉说；读到“汹涌澎湃”一词，想象到壮阔的大海海面波浪此起彼伏，哗哗的奏响一曲海洋大合唱；读到“唧哩哩唧哩哩”一词，好似看到蟋蟀、蝈蝈等小昆虫们在寂静的夏日夜晚奏响一曲热闹的生命之歌……积累新鲜的词汇有利于激发学生的想象力，开阔学生的视野，丰富学生的表达。

（2）在阅读教学中培养、训练学生的想象力

名篇佳作倾注着作者的真挚情感，引导学生精读名篇佳作，不仅能丰富孩子的见识，提高认识能力，而且读者的心灵会自然受到震撼，受到启迪感染，滋生真挚情感，展开想象的翅膀。

① 抓住细节描写展开想象。

好的作品往往通过生动的细节描写打动读者，令读者与之产生共鸣。教师应注重引导学生品味文章的细节描写，通过细节展示的生活画面，引发学生用自己的生活经验加以想象，变抽象为具体，让学生在阅读中如闻其声、如见其人、如临其境，真切地感受到作品的人、物、情、景。

如统编版语文五年级上册第六单元《父爱之舟》一课，作者吴冠中用极其简单的语言创造出一种意蕴丰富、耐人寻味的父爱境界，给人留下自由想象的广阔天地。教师可引导学生结合生活中的感受，细细品味文中的许多细节描写，帮助学生透过字面想象父亲带“我”逛庙会给“我”买热豆腐脑儿、下雪天父亲背“我”上学以及摇橹送“我”上学的画面，让学生在想象中品味，体会父亲对儿子深挚的爱。如在“背我上学”场景的教学中，学生很容易抓住“大雨大雪天”“背”来谈父爱。吴冠中是画家，笔下文字画面感非

常强。"背我上学"这个场景里，有全景，有特写，有定格。教师帮助学生抓出关键细节，通过有感情朗读，把这些细节在头脑中连缀成整体的画面，学生就能较为深刻地体会到父亲这一"背"的分量和含义。教师可以借助问题——父亲背"我"的时候是一个什么形象呢？带领学生聚焦文中父亲形象的"特写镜头"读一读。有的孩子觉得父亲的穿着打扮有点滑稽，父亲是一个男人，但他的腰里却缠着一根粉绿色的丝绸汗巾，那是妈妈的东西；有的孩子从"扎紧裤脚""将棉袍的下半截撩起扎在腰里"读出父亲准备得十分充分……教师可以相机提示学生：父亲的衣着、动作，大雨大雪天的环境，都是细节，我们在头脑中把这些细节一点一点连缀起来，就形成了画面，那请你发挥想象说一说，父亲的这一"背"，仅仅是背起了"我"吗？他还背起了什么？是的，他背起的还是作为父亲的责任，背起的还是那份浓浓的父爱，背起的还是儿子的未来，背起的还是整个家庭的希望……通过品读细节、展开想象，父亲这一"背"，背出了无限意蕴，让我们再次想象这幅画面，读出我们的体会。

②借助作品的留白之处丰富想象。

"留白"的本意是指在传统书画创作中，基于对章法布局和画面协调的考虑，故意留下空白，目的是给观赏者留下想象的空间。在中国画技法中，非常讲究"空白"艺术。古诗文中也十分讲究含蓄和意境的创设，有所谓"言外之意""弦外之音"等创作主张和艺术表现手法。这种表现手法如果运用到文学作品之中，就形成了作品的"意义空白"，而这种"意义空白"恰恰是启迪学生想象的点睛之处。

语文教学中的"补白"是针对"留白"而言的，通常指针对文中的空白点或生长点，引导学生根据课文内容，结合生活经验，展开丰富想象，合理补充作品中的内容空白和情感空白。因此在语文课堂中，教师抓住文章"留白"的地方引导学生思考感悟，有利于发挥学生独特的创造性，提升学生的想象力。

课堂中引导学生"补白"的方法很多，比如通过创设情境、补充资料、借助表演、续编故事等，教师要抓住文中那些"言有尽而意无穷"之处引导学生反复品味、感悟思考，让学生通过丰富而灵动的想象来填补、想象、说明、升华。

如学习统编版语文四年级上册《女娲补天》一文，女娲为了找到补天的五彩石，"忙了几天几夜"，那女娲究竟去了哪些地方，经历了哪些困难，才找到这些五彩石的呢？教师可以借助课文的这处“空白”引导学生展开想象。首先为学生创设情境：“五色石分布在人迹罕至的地方，女娲独自一人踏上了寻石之路。”有的学生想象女娲寻找赤石的经历：“她行了数万里，终于到达了火山，这里就是赤石生长的地方，女娲高兴极了，当她伸手准备去拿赤石时，火焰却突然增大了，她被烫得赶紧缩回了手。即便如此，她也不肯使用神力——如果使用了神力石头就会失去灵性。她不能功亏一篑，她只好等火焰小一点的时候再拿。不知过了多久，起风了，女娲趁火焰弱下去的时候终于顺势取走了赤石。”有的学生想象女娲寻找黄石的经历：“黄沙滚滚，大风连天。女娲来到了黄石所在的地方——沙漠。黄石居于金龙的心脏，要想取走黄石，就必须先打败凶恶的金龙。为了人类，女娲不惜一搏。经过九九八十一战，金龙终于精疲力竭了，主动将黄石掏出送给了女娲。”还有的同学想象女娲寻找白石的经历：“莹莹白雪，瑟瑟寒风。女娲又来到了白石所在的雪山。茫茫雪海，白石不知道被埋在何处，女娲只好用双手一点一点地刨开积雪，她的双手被冻得通红，嘴唇冷得发紫，身体也慢慢变得僵硬了。功夫不负有心人，她终于找到了白石，她被冻得晕了过去。”学生借助“补白”展开想象，进一步对女娲寻找五彩石的艰难经历有了深入的了解，对女娲那种不怕艰险、为民造福的精神也有了更深的认识。

③ 培育丰富真挚的情感激发想象。

情感是人对客观事物的内心体验和态度，表现为喜怒、哀乐、爱憎、好恶、荣辱等。正如苏联教育家苏霍姆林斯基所说：“情感如同肥沃的土壤，知识的种子就播种在这个土壤上。”情感是创造想象的动因，人的学习需要情感的动力，积极的学习激情可以激励人去努力学习，消极的学习激情则会阻碍人的学习。因此在教学中，教师要努力发掘教学内容中所蕴含的、能唤起一定情感的文字，引发学生的情感体验，撞击孩子的心灵，拨动孩子的心弦，以此来让学生走进文章的情境，展开想象，获得更丰富、更真挚的情感体验。

统编版语文四年级上册课文《走月亮》是一篇优美的散文，作者用优美的语言，描写了阿妈和“我”牵着手在月光皎洁的夜晚散步的情景。文章语言温暖、画面温馨、情景交融，课文以“走”为线索，写了自己的所见所想。第4、6、8自然段描述了三幅美好的画面——月下溪边图、月下田园图、月下牵星图，每一幅画面都饱含深情。第4自然段作者看到了灰白色的鹅卵石，细细的溪水，可爱的小水塘，看到了水塘抱月，闻到了山草和野花的香味，想到了和阿妈生活的场景——洗衣做船。一个“抱”字，描写了月亮倒映在水塘里，溪水和月光融为一体的美好画面。月夜所见，不仅仅局限于看到的，作者反而调动各种感官，眼看、耳听、鼻闻、心想，灵动、丰富的画面展现在眼前，情景交融，真情感人。读着这篇文章，使人不由得走进一幅如诗、如梦、如世外桃源般的画卷中。课后第二题，引导学生说一说读着阿妈牵着“我”走过“月光闪闪的溪岸”“细细的溪水流着山草和野花的香味”这些句子时头脑中会浮现怎样的画面。文中处处流露着的小作者和阿妈走月亮时无比幸福与喜悦的感情很容易使学生获得情感的共鸣，激起爱的涟漪，因此学生不难想象到阿妈牵着“我”的小手走啊走，走过村头、走过大道和小路、走过溪岸和拱桥的情景，如此真挚的情感也会激发起学生心中融融的暖意，想象到自己与家人相处的点点滴滴，感受到与亲人之间那真真切切的情、相濡以沫的爱……优美的语言、真挚的情感，很容易吸引学生走进文本，得到情感的体验，插上想象的翅膀。

（3）在写话和习作中开发、提升学生想象力

想象力丰富与否，并不是天生的，在教学中可以进行开发、培养。要使学生想象的翅膀能够搏击风浪，“思接千载，视通万里”，语文教学中必须充分挖掘文本潜在的资源、素材，启发学生联系生活实际，找好想象的切入点，让学生“想入非非”，以培养、提升学生的想象能力。

首先，来看如何利用阅读教学中的读写结合点有效激发学生的想象力。

第一，可以引导学生对文章进行扩写训练。扩写可以帮助学生通过丰富的想象进一步加深对文章的理解，表达自己的观点，抒发自己的情感。

如学习了《王戎不取道旁李》这则小古文，就可以让学生试着用白话文进行扩写，“看道边李树多子折枝”是怎样的画面？王戎与人对话告之“此必苦李”时又是怎样的画面？通过这样的扩写练习，可以有效激发学生对文章描绘的场景的想象，激发学生想象力的同时加深了对人物形象的认识。

第二，可以引导学生续编故事。有的课文虽然写完了，但还可以让学生联系课文和生活实际，想象新的画面，构思新的情节，续编新的故事情节。

如学习《揠苗助长》这则寓言，文末写道：“他的儿子不明白是怎么回

事，第二天跑到田里一看，禾苗都枯死了。”那接下来这个种田的人会怎么做呢？是继续犯“揠苗助长”的错误？还是认识到了自己急于求成的问题，改正了错误？教师可以让学生发挥想象续编这则寓言故事。

第三，可以引导学生变文为图。把课文中的文字演变为图画，要进行由书面语言到直观图画的思维，这个过程有助于加深学生对课文的理解感悟，发展学生的想象力。

如李白的《望天门山》，古诗写出了天门山的浩荡和江水的壮阔，用“中断”两个字写出了山势的险峻，诗中动中有静、静中有动，充满了想象力与奇妙感，朗读时就可以让学生展开想象的翅膀，在头脑中形成天门山的画面，并把想象到的景象画出来。

其次，再来看如何通过习作教学培养学生的想象力。

学生的习作能力涉及语言和思维两个方面。在语言习得方面，最基本的是语言的积累；在思维方面，最基本的是联想和想象力的培养。语言是思维的载体，思维是语言的内容，二者密不可分。因此习作教学不仅是运用语言文字的训练，而且是一种严格的思维训练。学生从观察生活，认识生活，到产生感情，产生思想，直至构思文章，写成文章，是一个完整的积极思维活动的过程。教师在指导学生作文时，无论是审题、立意还是取材、构思，都要突出一个“新”字。而想象力正是这个“新”字的具体体现。没有想象力，学生的作文也就失去了灵性。

在习作教学中，教师可以通过哪些方法和途径去激活学生的想象力呢？

第一，可以通过编写童话故事激发学生的想象力。

童话故事通过丰富的想象力和夸张的艺术手法来塑造人物形象，通过曲折离奇的故事情节来吸引读者。因此童话故事最大的特点就是想象力丰富，在大量阅读的基础上引导学生编写童话是激发学生想象力的有效途径。

统编版语文教材十分注重通过编写童话故事来培养学生的想象能力，如三年级上册第三单元就以“我来编童话”为习作主题引导学生试着编童话、写童话，要求学生能从角色、时间、地点三个方面构思童话故事，并学习运用“双线并行”设计反复结构的童话故事情节；三年级下册第八单元以“这样想象真有趣”为习作主题引导学生选一种动物做主角，大胆想象，编一个童话故事，要求突出小动物异于寻常的特征或本领，想象要奇特，故事要有趣。

为了更好地激发学生的想象力，编写生动有趣的童话故事，教学时教师要注意让学生了解并掌握童话的文体特征以及一些行文结构，要通过丰富的想象、幻想和夸张来塑造形象，反映生活，因此它的故事情节要富于幻想，人物活动要尽量曲折离奇，要有趣味，同时注意运用“反复”的写作手法。还要注意童话的主人公一般是动植物，那么写童话时要把“物”人格化，通过拟人法把“物”当作人来写，使它具有人的思想行为、语言动作以及感情，同时也要保留它作为“物”的本质特征。另外，童话故事虽然充满了想象，但也要与现实巧妙地结合，这样才不会让人读上去觉得荒诞，同时也要注意借自己虚构的故事、离奇的情节去颂扬人间的真、善、美，不仅要读上去有趣，还能给人以智慧的启迪。

如教学统编版语文三年级上册第三单元“我来编童话”习作，在本单元中学生一直徜徉在童话王国里，见证了卖火柴的小女孩那美好的愿望与悲惨的命运，感受了一粒种子的人生历程，跟随一只叫红头的蟋蟀在牛肚子里进行了一场惊险刺激的旅行，还认识了一位大公无私、令人敬重的蚂蚁队长。童话，给了我们神奇的力量；童话，给了我们无限的遐想。本单元，就让我们张开想象的翅膀，当一回小作家，编一编童话。课本上为学生提供了三组词语，意在提醒学生“角色、时间、地点”是构成童话故事的基本要素，那么教师可以请学生说一说看到课本上的这些词语，你的脑海里浮现出了怎样的画面？想一想会发生什么故事？以此来填写童话故事框架表，这样既引导学生发现了童话故事的创编奥妙，又降低了创编难度。教师还可以进一步引导学生回顾《卖火柴的小女孩》《那一定会很好》《在牛肚子里旅行》三篇童话的写法，学生不难发现文中都有结构相近的情节，都反复出现了三四次，属于典型的“反复结构”童话故事，另外，还可以通过人物对话推动故事发展，丰富人物形象。

第二，可以通过看图写话训练激发学生的想象力。

图画色彩丰富、生动形象、富有童趣，极易引发孩子的关注与兴趣；同时因为图画是平面的和静止的，通过合理想象，可以使单调的画面丰富起来，使静止的画面活动起来，由一幅图联想到前前后后几幅图，由多幅图联想到一个精彩有趣的故事，因此看图写话也是一种培养学生想象力的好方法。

由于图片仅能描绘事物的表象，因此教师可以引导学生仔细观察图片，通过适当的提问引导学生进行合理想象，把不会思维的想象变成会思维的想象，把不会说话变成会想象的说话，让想象的思维自由驰骋。

看图写话一般出现在低年级，因为刚入学的学生相比文字对图画更感兴趣，因此教师可以着重通过看图写话训练学生的思维能力，打开学生的想象大门。低年级学生的思维是活跃的，想象是丰富的，教师要注意尽量不要扼制或牵引学生的想法，要通过多种方法让学生去发现、去创造、去想象。如可以调动他们的多种感官，让“色香味”都入画；可以抓住细节展开想象，传递人物的心情；可以抓住人物动作展开想象，让人物动起来；可以抓住人物对话展开想象，让人物说起来；等等。以此来拓宽他们的想象空间，培养他们的创造力。

当然在中高年级也要继续进行一些看图写话的“升级”训练，如统编版语文教材就在三年级下册第二单元和五年级下册第八单元分别以“看图画，写一写”和“漫画的启示”为主题进一步夯实和提升学生的看图想象能力。

三年级下册第二单元习作“看图画，写一写”意在培养学生的观察能力和想象能力，让学生在仔细观察图画，介绍清楚图画表现的内容的基础上学习运用多种写作手法去丰富自己的习作内容。在写清图画上有哪些人、他们在干什么、人物的动作有哪些的基础上，鼓励学生合理发挥自己的想象，写一写他们可能在说什么，心里可能会想什么，心情怎么样。以此通过想象把人物的动作、语言、心理写详细，使习作更加生动形象、具体感人。

五年级下册第八单元习作“漫画的启示”意在让学生了解漫画和其他图画的不同，把握漫画的特点，并初步掌握漫画作文的写法。漫画是一种具有强烈讽刺性或批判性的图画。画家从生活现象中取材，通过夸张、比喻、象征等手法，来讽刺、批评或表扬某些人和事，漫画既能让人会心一笑，也能让人获得生活的启示。一幅优秀的漫画本身就包含着画家丰富的想象，因此想要通过文字表达出画家想要表达的想法，必须通过合理的想象与推测。以著名漫画家华君武先生的《等待乘凉》为例，从图画上可以直接看到一棵刚栽的小树下蹲着一人，一个准备浇树的人问蹲着的人：“你干什么？”那人回答说：“等着乘凉。”作者想借这幅漫画来讽刺那些不劳而获、坐享其成的人。教学时教师可以采用观察—思考—撰写的教学步骤，先让学生观察漫画画了哪些有趣的内容，有哪些可笑之处，再思考为什么可笑。这里就要让学生联系自己的生活经验，通过合理的想象展开思考，写一写自己的观点和受到的启发，从而学会从不同角度联系生活实际去表达自己的想法和看法，写清自己的思考。

第三，可以通过想象作文的创作激发学生的想象力。

想象作文是作者在现实生活的基础上，超越时间、空间和生活常规的限制所产生的奇思异想，并通过语言文字描述出的文章。一般通过丰富的想象、幻想和夸张编写出的适合少年儿童欣赏的文章都可以称为想象作文。

想象作文一般可以通过再现、移植、幻想等方法来进行大胆的构思。

再现一般侧重于写景状物或叙事的想象作文，可以搜寻脑海中对相关事物的印象，加以再现。如想象习作“二十年后回故乡”，一般是在现有的故乡印象基础上展开的想象。

移植是指学生可以按自己意愿中的特定形象，结合生活实际，进行移植想象。比如可以通过想象把许多地方的优美景色移为一处，把许多特异功能归为一物，把许多美好的品质浓缩在一人身上。只有善于把想象与现实生活中的事实联系起来，巧妙地设计人物之间的关系，才能使文章生动有趣。

而幻想是更为大胆的想象。19世纪丹麦著名作家安徒生的童话，充满幻想。在他的笔下，花鸟虫鱼、家具、玩具乃至墙壁都有生命，都被赋予了人的感情。小学生对于未知的世界、未来的世界充满了幻想。教师要鼓励学生幻想。对于未知的世界、未来的世界，学生的想象可以天马行空，任意驰骋。

统编版教材也十分注重通过想象作文的形式激发学生的想象力，提升学生的形象思维能力。在中高年级，习作主题与想象有关的单元有三年级下册第五单元“奇妙的想象”、四年级上册第四单元“我和（　　）过一天”、四年级下册第二单元“我的奇思妙想”、四年级下册第八单元“故事新编”、五年级上册第四单元“二十年后回故乡”以及五年级下册第六单元“神奇的探险之旅”。从数量上看，占比较大，从形式来看，也呈现出多样化的特点。

三年级下册第五单元习作“奇妙的想象”，旨在让学生明确写想象作文的基本要求和方法，引导学生大胆想象，创造属于自己的想象世界。教学时可以引导学生结合本单元的精读课文和习作例文，了解如何根据课本上提供的那些有趣的题目发挥想象，根据起因、经过、结果记录自己的神奇遐想。四年级上册第四单元习作“我和（　　）过一天”引导学生以童话或神话故事里的一个人物为主人公，结合自己的生活经验创编一篇想象作文，创作的过程要让学生享受大胆想象、自由表达的乐趣，把故事情节写得生动有趣并受到真、善、美的熏陶。四年级下册第二单元习作“我的奇思妙想”则是引导学生写一写自己想要发明的东西，通过想象写出自己想发明的东西的外貌以及功能。这篇习作中大胆新颖的设计无不显示出学生活跃的创造思维，那些极富童真童趣、个性化的语言，正是想象作文中难能可贵的闪光之处。四年级下册第八单元习作“故事新编”也非常有趣。“故事新编”就是指在写作时把题材延伸到中外文学名著、历史故事、成语或神话传说中，以一个全新的视角，对其中的情节、人物予以加工、演绎，进行再创作，生发出新的故事。通过新编可以开辟语文教材在作文领域的多种使用途径，发掘学生的创新思维，培养学生的语言表达能力，将自己读到的和看到的社会现象相结合，写出具有积极意义的文章。五年级上册第四单元习作“二十年后回故乡”将想象作文的主人公聚焦到自己身上，引导学生大胆想象20年后家乡人、事、景、物的巨大变化，表达对家乡的热爱和怀念之情。五年级下册第六单元习作“神奇的探险之旅”引导学生编一个惊险刺激的探险故事，通过展开丰富的想象，把探险过程中遇到的困境、求生的方法、曲折的过程写具体，把探险过程中心情的变化写出来。

想象是创造性的思维活动，“想象新颖”是想象作文的基本要求。即使是再现想象，学生也不可能百分百地照搬生活，改动、取舍是肯定有的。改动、取舍就是学生的创造。教师应努力指导学生在合理想象的基础上，尽量让其想象呈现多样化趋势，努力拓宽学生的思维空间，以生活为基、合理丰富、勇于创新，激发学生进行创造活动的欲望，让学生的思维活起来，展开想象的翅膀。但也要注意，对不同层次的学生，要求应有所不同，不能因为一味地追求新奇，打击学生写作的兴趣。

总而言之，语文是一门极富情感、极具个性、极易激发想象的学科，它在培养学生想象能力方面具有独特的作用。只要我们借助教材，联系学生生活，根据学生心理特点，在语文课内外教学活动中有目的、有计划地训练、激发，日久天长，学生的想象力就会得到蓬勃发展。

（二）“智美语文”指向学生逻辑思维能力的形成和发展

逻辑思维一般指人们在认识过程中借助概念、判断、推理等思维形式能动地反映客观现实的理性认识过程。逻辑思维是思维的一种高级形式，只有经过逻辑思维，人们才能达到对具体对象本质规律的把握，进而认识客观世界。它是人的认识的高级阶段，即理性认识阶段。

逻辑思维是一种确定的而不是模棱两可的，前后一贯的而不是自相矛盾的，有条理、有根据的思维。在逻辑思维中，要用到概念、判断、推理等思维形式和比较、分析、综合、抽象、概括等方法，而掌握和运用这些思维形式与方法的程度，也就是逻辑思维的能力。

逻辑思维是人脑的一种理性活动，不同于形象思维的形象性、非逻辑性、粗略性、想象性等特点，逻辑思维具有规范、严密、确定和可重复等特点。

从传统意义上看，数理化课程因测绘、统计和运算的需要，更重视逻辑思维的训练，而语文课程在很长一段时间，更多关注的是思想意义和文学价值，而忽视了其思维价值。在核心素养理念下，语文课程必须重视启发学生的思维，重视学生在语言文字方面的逻辑思维能力的培养。

思维能力的知识培养和技能训练活动是一种有教学目的、教学计划、组织系统的教育理论实践活动。逻辑思维能力是一种综合的能力，既包括理解能力、分析能力、综合能力和比较能力，也包括概括能力、抽象能力、推理能力、论证能力、判断能力、表达能力和想象力等。创造性、逻辑性等思维能力的基本培养目的、教学训练目的其实就是通过训练改善学生的综合思维品质，提高和训练每个学生的逻辑思维、创造性思维能力，对学生未来的学习有着重要的帮助，所以小学语文教师在实际教育、教学中要准确地把握关键点，进行有的放矢的引导。与小学语文相关的逻辑思维能力主要有以下几种。

1. 分析能力

从科学方法上看，分析指的是在思维过程中，把对象分解为各个部分或因素，分别加以考察的逻辑方法。从语文学习来看，分析的过程就是对语言文字的阅读、理解和训练的过程，突出语言的分析能力，也就突出了语文学科的工具性，突出了语文学科教学的特殊性，摆脱了传统语文阅读教学以内容理解为主的束缚，指导学生正确地理解和运用中华语言文字，提升阅读能力。

在日常的小学语文教学中，我们可以教给学生哪些语言分析的方法呢？

（1）借助注释和工具书分析理解

阅读时经常会遇到一些难懂的或难理解的字词，这时指导学生借助注释或工具书进行分析和理解，以弄清字词意思，是一种最简单也最有效的方法。

统编版小学语文教材所选古文和古诗中难理解的字词，一般都进行了注释，教学时教师要指导学生学会借助注释去分析理解文章、诗句的含义。现代文中也会出现一些难懂和难理解的词语，教师可以指导学生借助工具书去了解含义，但是注意由于每个字和词在不同的语境中有不同的含义，教师要指导学生结合语境去分析、理解词语的含义，而不是生搬硬套、张冠李戴。

如教学三年级下册《肥皂泡》一课，文中冰心先生描写肥皂泡的词语特别的丰富，在理解“玲珑娇软”一词时，教师可以抓住“娇”字让学生体会：大家都说肥皂泡是“玲珑柔软”的，为什么冰心先生却说是“玲珑娇软”呢？“娇”字在字典里有三种解释（①柔嫩、美丽可爱；②娇气；③过分爱护），教师可以出示三种解释让学生结合语境去分析理解。在理解过程中学生不难发现，“娇”字在这里是“柔嫩、美丽可爱”的意思，那“娇软”一词相对比“柔软”一词，不仅可以写出肥皂泡的柔软，还可以突出它的美丽和可爱。通过这样一个对语言文字的分析理解过程，学生不仅理解了词语的含义，更品出了作者用词的巧妙。

（2）结合表现手法分析理解

作者使用特殊表现手法的句子往往是一篇文章中那些最精彩有趣和意味深长的句子，因此阅读时教师要引导学生结合文章的表现手法进行分析理解。

郭沫若的经典散文《白鹭》被编入统编版语文五年级上册第一单元第一课，文章寓情于物，用精妙的语言描写了白鹭的外在美和内在美，表达了作者对白鹭的喜爱和赞美之情。文章结构严谨，按照“总分总”谋篇布局。第1自然段总起全文，以“精巧的诗”来比喻白鹭之美；中间部分具体描写了白鹭美的表现；末尾两个自然段与第1自然段呼应，点明主旨。《白鹭》实在是一首精巧的诗。作者在文章开头和结尾两处运用比喻的修辞手法，把白鹭比作“一首精巧的诗”，因此联系全文理解这句话的含义，体会作者对白鹭的感情就成了本课的教学重点，教学时教师就可以先让学生抓住文章的表现手法想一想散文诗都有哪些特点？散文诗结构精美，长短错落有致，这不正像白鹭那"增之一分则嫌长，减之一分则嫌短，素之一忽则嫌白，黛之一忽则嫌黑"的精巧外形吗？散文诗内容优美，情感真挚，这不正像那在清水田里站着钓鱼、悠然地站立在小树的绝顶和黄昏时低飞的白鹭吗？每一种形象，或静或动，或飞或落，经作者意境化的简练笔墨点化，自然朴素的诗意和真切纯然的喜爱之情就经由文字流进了读者的心田，是真正的生命之诗、精神之诗。作为诗人的郭沫若，喜爱白鹭，赞美白鹭，爱的赞的不仅是白鹭外在的美，更是作者所感受的内在之美——在平常的、平凡的生活中，活出诗意，活出从容，活出悠然。

（3）结合资料分析理解

一篇文章的作者生平经历、写作背景、原著出处以及与这篇文章主题相关的其他作品都是分析理解这篇文章的重要资料。结合这些资料去分析理解文章，有利于帮助学生了解作者的写作意图，加深学生对作品的认识和感悟。因此教学时尤其是学习一些距离学生生活经历较远的、有特定的写作背景的名家名著时，教师要通过多种途径帮助学生补充、拓展与文章相关的资料，借助资料提升学生的分析理解能力。

茅盾的散文《天窗》被编入统编版语文四年级下册第一单元。它是一篇回忆性抒情散文。课文描写的是作者在不同时段透过天窗看到的形形色色的景物，而这些普通的景物在儿童丰富的想象力和创造力的编织下，又展现出了一个神奇多彩的世界。天窗，印刻着童年的片段，映照出孩童的情趣。作者以"无"与"有"、"实"与"虚"的关联为纽带，把现实事物与虚拟事物紧密结合起来，从而创设出奇特美妙的世界。先写"实"景——雨脚、闪电，再写幻想的"虚"景——外面的风雨雷电扫荡世界的壮阔画卷；先写看见的"一粒星、一朵云"，再写没看到的无数星和无数云；先写确实"有"的"一条黑影"，再写可能"无"的"唱歌的夜莺"等。想象，打通了"有"与"无"、"虚"与"实"的界限，作者把自己的情思藏在想象中，借儿童之眼打开一扇想象世界的"天窗"。初读文章，抓住文章中的关键词句，学生不难了解和体会天窗给乡下孩子们带来的无尽遐想和无穷快乐，感受夏天下阵雨孩子们被关在屋子里时和晚上孩子们被逼着上床"休息"时天窗成了他们"唯一的慰藉"。但是，如果结合茅盾的生平经历和这篇文章的写作背景，我们就会发现，本文作于1928年，是茅盾30多岁时写的一篇文章。1927年大革命失败后，他被迫离开武汉，到了上海，没有工作，又不便出门，不仅生活压抑，精神的苦闷更是无人诉说！因此，此时的作者就如同被关在黑屋子中的孩子，只能借助“天窗”，凭借想象，排解心头的苦闷。然而通过文章我们不难感受到，他虽然身处黑暗，却仍旧向往一个光明美好的世界。所以，对于作者茅盾来说，这“天窗”也有特殊的意义——它不仅仅是孩子们的慰藉，更是他心灵的慰藉！

2. 综合能力

综合一般指在思维过程中把对象的各个部分或因素结合成为一个统一体加以考察的一种逻辑思维方法。从形式上看，综合的过程就是把语言材料从零散整合为整体；从内容上看，综合的过程就是从局部感知提升为整体理解。

“结合上下文”是一种常见的语文阅读方法，这个过程其实就是一个综合思考的过程。“上下文”一般指的是语句所在的语境，有时决定了语义的语境是与某一语句直接相连的上一句话、下一句话，有时是语句所在的段落、层次，有时是语句所在的篇章。阅读时无论是遇到难理解的字词还是句子、段落，都要结合上下文进行分析理解。

教学时要注意避免一种错误的做法，就是把结合上下文当成一种立竿见影的灵丹妙药，好像不管什么问题不能理解了，只要把与某一语句相连的上下句连在一起读一读，就能立刻获得答案。有时这样能解决问题，有时这样根本解决不了问题。“结合上下文”的思维过程应该是先整体上理解了一篇文章，再去确定“上下文”，并根据这个“上下文”理解具体语句，而不是先确定了“上下文”，并且依据它理解了具体语句后才理解整篇文章，这样只会导致对文章一知半解。

如果在对原文没有整体的基本理解的情况下，就去机械地连读某一具体语句所在段落的上下段、上下层，那对理解是没有明显帮助的。因此更多时候还是要耐心地通读全文，甚至阅读更多的与本文相关的资料后，才能比较好地找出文中与某一具体语句相关联的内容或语句——文中哪些内容与某一语句有直接关系，哪些内容、语句与某一内容有间接关系；哪些内容、语句需要联系特定背景来理解，而不是在没有熟悉原文的情况下机械地去盯住假设有用的“上下句""主题句""关键句"。

尤其值得注意的是，在新课程理念下，语文学习倡导"综合性学习"。小学语文综合性学习是指在教师的指导下，立足于小学生的生活和经验，以实践活动为主要形式，有意识地综合开发和利用学生生活、社会生活以及其他学科等资源，运用合作、探究等学习方式，在自主活动中发展提高学生语文素养的一种语文学习方式。综合性学习以语文课程的整合为出发点，强调语文课程内部的整合，强调语文课程与其他课程的整合，强调语文学习与学生生活的整合，是学生知识与能力的一种综合性体现，也是培养和提升学生综合能力的一个有效途径。

3. 概括能力

概括一般指从单独对象的属性推广到这一类事物的全体的一种思维方法。从心理学角度看，概括是指人们感知事物获得相关信息，通过分析、抽象、综合，将其本质、非本质属性归结为概念的逻辑思维过程。从教学实践角度看，学习和运用知识的过程就是概括过程。没有概括，学生就难以形成概念以及系统的知识体系，自然对知识的运用就不能自如。可见，概括能力的培养对学生来说是十分重要的。

语文教学中的概括能力指的是把事物的共同特点归结在一起的能力，用简明扼要的语言（文字）把所读所听的内容准确表达出来的能力，从现象中揭示本质，把具体形象抽象化的能力。也就是通过概括思维了解文章的内容，分析其构成，体会作者想要表达的情感，同时还要用简洁的语言将自己总结的内容表述出来。其主要的形式有概括文章大意、中心思想和写作特点等。能力在阅读教学中尤其重要。

"准确"和"简洁"是概括的基本要求，我们重点来看小学阶段的教学重点——概括文章大意的几种方法。

（1）抓住关键词句概括文章内容

每篇文章中，作者为了表达中心意思，往往会使用一些关键句。这些关键句或揭示文章的中心，或抒发作者的情感，或暗示文章的写作思路，教学时教师可以指导学生抓住这些关键词句来概括文章主要内容。

那么可以通过哪些关键词句来概括文章内容呢?

一是文章的中心句。文章的中心句或位于文章开头，或位于文章结尾，一般起概括文章内容、揭示文章中心的作用，抓准文章的中心句有利于帮助学生快速了解文章主旨大意。如《富饶的西沙群岛》一文的中心句，“那里风景优美，物产丰富，是个可爱的地方”就概括了文章从“风景优美”和“物产丰富”两个角度介绍西沙群岛，突出了它“可爱”的特点。

二是段落的中心句。段落中心句一般位于段落的开头或结尾，对整段的大意起概括作用。通过概括文章每段的段落大意，我们可以整合文章内容，概括文章大意。如《大自然的声音》一课，我们抓住文章第2、3、4自然段的中心句——“风是大自然的音乐家”“水也是大自然的音乐家”“动物是大自然的歌手”，就可以概括文章通过描写风、水和动物发出的声音突出大自然声音的美妙。

三是文中的过渡句。过渡句在文中起承上启下的作用，有极强的概括性，抓住文章中的过渡句有助于快速了解文章主要内容，概括文章要点。如《赵州桥》一课，就可以抓住文中“赵州桥不但坚固，而且美观”这个中心句概括文章介绍了赵州桥坚固和美观的特点。

（2）抓住“六要素”概括文章内容

不同体裁的文章要点不同。以叙事为主的文章，我们在概括主要内容时，往往可以抓住“六要素”，先罗列出事件的时间、地点、人物、起因、经过、结果，再加以整理成一段表达通顺的话。如《卖火柴的小女孩》一课，教学时教师就可以让学生先找一找文章的“六要素”，再把它们串联起来，概括为：大年夜的晚上，一个卖火柴的小女孩因为一根火柴都没有卖出去而不敢回家，坐在墙角的她又冷又饿，点燃了五次火柴分别看到了火炉、烤鸭、圣诞树和奶奶……第二天，人们发现她坐在墙角冻死了。

（3）抓住题目概括文章内容

不少课文的题目就是文章内容的高度概括。归纳这类文章的主要内容，我们可以借助课题。首先要读懂字面上表达的意思，再根据课文内容把课题扩展成一句完整的话，在此基础上逐步进行丰满，使表达更加完整、更加全面。如《在牛肚子里旅行》一课就可以借助课题拓展文章主要内容：课文主要讲述了蟋蟀红头不小心被吃到牛肚子里，好朋友青头凭借聪明机智让红头在牛肚子里

"旅行"，并最后得救的故事。

（4）抓住段落小标题概括文章内容

有些文章层次分明、结构清晰，围绕中心可以把文章划分为几个相对独立的部分，阅读这些文章时我们可以给它们的每个部分加上一个简洁、恰当的小标题，再把这些小标题串联起来概括文章的主要内容。列小标题一般可以从以下几个方面入手：根据段意概括小标题，抓住每部分的中心句概括小标题，抓住每部分中一个抢眼的镜头拟小标题，抓住每部分中最重要的一个情节拟小标题。如《小英雄雨来》一文较长，阅读时就可以分别先给每部分概括小标题，如"游泳本领高""上夜校念书""爸爸夜突归""掩护李大叔""与鬼子做斗争""雨来没有死"，再把这些小标题串联起来，就是文章的主要内容。

4. 比较能力

比较就是比较两个或两类事物的共同点和差异点，通过比较能更好地认识事物的本质，发现事物的特点。比较法实质上是一种思维方法，这种方法常见的形式有两种：一是求同，二是求异。求同的目的是找到相似点，以便掌握其普遍意义上的特点；求异的目的则是找出其差异。在语文阅读教学中，遵循语文教学的基本原则和规律以及学生的认知规律和心理，灵活运用比较的方法，能有效地突出教学重点、突破教学难点，深入领悟课文，培养学生的多种思维能力，提升学生语文学习的综合素养。

（1）常用的句子比较阅读法

一是加一加。为体会原文作者语言的简洁性和概括性，阅读时我们可以采用"加一加"的方法修改课文原句让学生比较阅读。

如教学统编版语文三年级上册《燕子》一课，第一段描写燕子外形特点的段落句式简洁巧妙，是学生学用语言文字的范本。教学时，教师可以用"加一加"的方法修改原文，如将原文"一身乌黑的羽毛，一对轻快有力的翅膀，加上剪刀似的尾巴，凑成了那样活泼可爱的小燕子"改成"这是一只活泼可爱的小燕子，它长着一身乌黑的羽毛和一对轻快有力的翅膀，它的眼睛很小但乌黑发亮，嘴巴尖尖的，还长着一对剪刀似的尾巴"。通过对比阅读可以引导学生体会：一是原文抓住了燕子的主要特点来写，特点更突出；二是原文句式更简洁，读起来更整齐，也更能突出燕子外形的美。

二是减一减。为体会原文作者描写的丰富精彩和生动形象，阅读时我们可以采用“减一减”的方法修改课文原句让学生比较阅读。

如教学统编版语文三年级下册《肥皂泡》一课，为了让学生体会作者描写肥皂泡动态美的巧妙，教师将课文原句“若是扇得好，一个大球会分裂成两三个玲珑娇软的小球，四散分飞”中的“四散分飞”一词去掉，改为“若是扇得好，一个大球会分裂成两三个玲珑娇软的小球”，将课文原句“有时吹得太大了，扇得太急了，这脆薄的球，会扯成长圆的形式，颤巍巍的，光影零乱”中的“颤巍巍”和“光影零乱”去掉，改为“有时吹得太大了，扇得太急了，这脆薄的球，会扯成长圆的形式”，让学生比较阅读。通过对比，学生不难发现“四散分飞”一词写出了一个个玲珑娇软的小肥皂泡像一个个可爱的小精灵向四面八方飞去的画面，去掉这个词后就只能看到形状的变化，却展现不出它们在空中到处纷飞的动态美的画面；同样，“颤巍巍”和“光影零乱”能够看出长圆的肥皂泡泛着五颜六色的光在天空中一颤一颤，五颜六色的光在上面乱转，如果去掉，就看不到这样既美好又紧张的画面了。在这样的对比阅读中，学生不难感受到冰心先生既清丽典雅又极具画面美的语言特点。

三是换一换。为体会原文作者用词的准确性和生动性，阅读时我们可以采用“换一换”的方法修改课文原句让学生比较阅读。

如读朱自清的《春》，品读“小草偷偷地从土里钻出来，嫩嫩的，绿绿的”一句，教师可以把“钻”换成“长”“跳”等词让学生体会，通过比较阅读，学生不难体会到“钻”与“偷偷”相互呼应，写出了小草在不知不觉中伸出了小脑袋的可爱样子，使小草具有了人的灵性，仿佛在贪婪地享受着春天的恩赐。又如读叶圣陶先生的《荷花》一文，句子“白荷花在这些大圆盘之间冒出来”的“冒”字与“钻”字有异曲同工之妙，一个“冒”字让我们一下就感受到了白荷花开得非常快的特点，想象到它那生机勃勃的画面，如果换成“长”则没有了这样的语言效果。

四是改一改。为体会原文作者鲜明的语言特色和语言风格，阅读时我们可以采用“改一改”的方法修改课文原句让学生比较阅读。

如教学统编版语文五年级下册《祖父的园子》一课，为了让学生体会萧红"在平淡的叙事写景中蕴含强烈的抒情"的语言特色，教学"花开了，就像睡醒了似的……"一段时，教师可以把原文"倭瓜愿意爬上架就爬上架，愿意爬上房就爬上房。黄瓜愿意开一朵花，就开一朵花，愿意结一个瓜，就结一个瓜。若都不愿意，就是一个瓜也不结，一朵花也不开，也没有人问它。玉米愿意长多高就长多高，它若愿意长上天去，也没有人管"这几句话修改为"倭瓜长蔓了，有的沿着花架往上攀，有的一直爬到了房顶。黄瓜有的开花了，有的结瓜了，这儿一朵，那儿一个。玉米也伸展着腰肢，向着天空微笑"，让学生对比阅读思考：原文短短的几句话就用了这么多次"愿意……就……"，会不会太重复、太啰嗦？而且原文都是近乎大白话的平淡的语言，老师把它改得更简洁、更美一些。你觉得哪种写法更好？为什么？那么，通过这样的对比阅读，学生其实不难发现，还是原文更能突出植物的自由，语言也更生动、更有趣，这时教师再相机出示萧红的语言特色——"平淡的叙事写景中蕴含强烈的抒情"，教学效果就水到渠成。

比较阅读既有文章中具体句子的比较阅读，也有整篇文章的比较阅读。文章比较阅读就是指把内容或形式相近的或相对的两篇文章或一组文章放在一起，对比着进行阅读。在阅读过程中将其有关内容不断进行比较、对照和鉴别，这样既可以开阔眼界，活跃思想，使认识更加充分、深刻，又可以看到差别，把握特点，提高鉴赏力。

（2）常用的文章比较阅读法

一是选用同一主题的文章比较阅读。选择同一主题的文章进行对比阅读有益于帮助学生深化对阅读主题的认识，加深对文章内容的理解。教学时教师不仅要引导学生探寻文章之间的相同点，更要善于探寻同一主题多篇文章之间的不同点，发展学生同中求异的阅读思维。如教师可以把丰子恺的《白鹅》（统编版语文四年级下册）和俄国作家叶·诺索夫笔下的《白公鹅》放在一起比较阅读，让学生思考同样是写鹅，这两只鹅分别给我们留下了什么样的印象？这两只鹅又有什么异同点？两位作家在写法上又有什么相似之处和区别？通过这样的对比，学生发现虽然都是写白鹅的文章，但由于作者不同，写法不同，写出来的鹅也就不同。

二是选择相同体裁的文章比较阅读。教师以同一体裁为关联点，以某一篇文章为辐射点，选择相同体裁的多篇文章，进行巧妙的拓展阅读，引导学生在比较阅读中寻找它们的相同点，可以实现从单篇到多篇、从课内到课外、从单篇到整本书的延伸，有利于开阔学生的阅读视野，发展学生异中求同的阅读思维。如学习神话《盘古开天地》，教师可以拓展阅读《女娲补天》《夸父追日》等有关创世的神话故事，一方面通过其中夸张的故事情节和想象的写作手法让学生进一步感受神话故事的神奇特点，培养他们的创造性思维；另一方面也通过比较阅读让学生加深对神话故事中人物形象的认识。如盘古、女娲和夸父这三个人物都具有不怕困难、自我牺牲、为民造福的精神。

三是选择同一作者的不同文章比较阅读。在阅读名家名著时，拓展同一作者的不同文章进行比较阅读，既有利于加深学生对课内文章的理解，也利于加强学生对作者的了解，激发学生阅读名家名著的兴趣。如学习了《祖父的园子》一文，教师就可以拓展《呼兰河传》中描写小萧红与祖父的其他片段，如描写园子里樱桃树的片段，描写“我”在园子里采花的片段以及“我”被祖母责骂的片段等，让学生进一步感受祖父对萧红的爱以及园子给萧红童年带来的快乐等，由此让学生思考“作者的童年还有什么样的经历？”“她的童年是不是一直这么快乐？”这样就能有效激发学生进一步阅读《呼兰河传》的兴趣。

统编版语文教材一个显著的变化是在一些课文后面编排了“阅读链接”，这也体现了新教材对学生比较阅读能力的重视。从三到六年级教材共编排了32个“阅读链接”。这些阅读链接有的是片段，有的是篇章；有的在精读课文后，有的在略读课文后；有的课后习题中涉及阅读链接，有的只是放在课文后，不提要求。它们与单元教材具有同质性，主要涉及人文主题、写作内容及表达策略等方面，其价值在于助力课文学习、加强单元整合和拓展阅读边界，帮助学生进行比较阅读。

由于一些单元的人文主题和语文要素内涵相对丰富，但是受单元教材篇数限制，编者就将其作为阅读链接，这样既节省了教材空间，又拓展了人文主题，丰富了语文要素。这类阅读链接适合用比较与发现的教学策略。

有关对人文主题进行拓展的阅读链接如五年级上册第四单元，在《圆明园的毁灭》后面编排的“阅读链接”是《七子之歌》中的两首诗以及《和平宣言（节选）》，教材配有练习：“读读下面的‘阅读链接’，结合相关资料，体会其与《圆明园的毁灭》表达情感的相似之处。”教学时，学生通过阅读链接、查资料、谈理解，进而两相比较，发现相似之处：一是都抒发了爱国之情，赞美祖国，呼唤和平，渴望统一；二是都表达了对帝国主义列强的憎恶，且认识更深刻，侵略者不但抢掠、毁坏文物，还掠夺土地，屠杀百姓。这既是对文本人文主题的补充，也是对爱国情感的升华。

有关对单元语文要素进行拓展的阅读链接如统编版语文四年级下册第四单元，本单元的语文要素是“体会作家是如何表达对动物的感情的”，教材编排了老舍的《猫》《母鸡》和丰子恺的《白鹅》。三篇课文中，两位作家对动物表达感情的方式同中有异。相同点在于：《猫》和《白鹅》都运用了“贬义词褒用”的策略，从“古怪”“鹅老爷”“架子十足”这些词可以看出。不同点在于：《猫》一文中，老舍通过巧用语气词、叠词，将猫爪印比作小梅花，把小猫当作孩子来写等策略来表达对猫的喜爱；《母鸡》则写清了由“讨厌”到“不敢讨厌”的变化过程，表达了对母鸡的赞颂。但是，这三篇课文并没有穷尽作家对动物表达感情的方式。编者在《猫》的后面编排了阅读链接，内容是夏丏尊和周而复写《猫》的片段，并作为练习让学生阅读，“体会不同作家对猫的喜爱之情”。教学时，学生通过阅读两个片段，与前面诸文比较，不难发现：这两位作家是通过猫的外形描写、小孩喜欢逗它、“我”也对它充满遐想及借别人的嘴夸猫等方式来表达对猫的喜爱的。显然，这与单元教材中表达对动物的感情方式不同，它进一步丰富了语文要素，让学生了解了其他作家对动物表达感情的不同策略。

5. 归纳能力

从科学方法上看，归纳一般指从个别性的前提推出一般性的结论，前提与结论之间的联系是或然性的。这里我们指学生在语文学习中用推理的方法来概括、分析和总结问题。归纳总结能力是学生素质和潜能的重要方面，在学生的思维中占有重要位置。语文新课程理念倡导学生自主学习，注重学生能力的培养，归纳总结能力是学生综合能力的重要方面，它不但有利于学生获取知识，而且有利于学生学习行为方式的转变，促进教学相长。

归纳总结既是一种思维方法，也是一种良好的学习习惯。它是学生对已经学习过的知识与技能、过程与方法、情感态度与价值观进行内化和综合。尤其是语文学科一方面从形式上看，由字词组成句子，由句子构成段落，再由段落融合在一起变成篇章，形式多样；另一方面从内容上看，听说读写，包罗万象，内容丰富，学习过程中如果缺乏归纳总结，那么学生的语文学习就是零乱的，缺乏规律的。

因此教学中教师不应该仅仅局限于教给学生零散的语文知识，还要注重培养学生归纳总结的思维，让学生形成归纳总结知识的能力和习惯。通过对所学知识进行梳理、归纳，既能巩固旧知识，又能预习新知识。同时，通过总结加强记忆、加深理解，有利于学生把知识转化为能力，为终身学习打下坚实的基础。学生及时梳理自己的知识系统、掌握知识联系、明晰知识规律，有助于他们更好地构建自己的知识体系。

教学中教师可以教给学生一些归纳总结的方法，如学习字词，可以根据字词的形式或内容进行分类整理和积累；学习句子，可以根据句子的修辞手法或不同的句式进行分类整理和积累。另外，在阅读方面，教师也可以带领学生及时归纳总结一些阅读的方法或技巧，如如何体会句子的深层含义、如何体会文章的思想感情等；同样在习作学习中，教师也可以引导学生及时总结一些写作方法，归纳整理习作素材。

教师还可以引导学生用思维导图来归纳总结知识要点。思维导图可以帮助学生对其所思考的问题进行全方位和系统的描述与分析，有助于对问题进行深刻的和富有创造性的思考；同时思维导图也可以激发人丰富的联想力，使知识变得结构清晰，层次分明。

统编版语文教材从三年级上册开始在每单元的“语文园地”中设置了“交流平台”栏目，“交流平台”从一定程度上体现了编者对学生语文学习归纳总结能力的重视。“交流平台”板块突出了统编版语文教材以学生为本的“人文性”和准确运用语言文字的“工具性”特点，更加系统地体现了对语文要素的归纳总结和对学生阅读能力的综合提升。教师在教学中要充分解读“交流平台”的目标要求，以方法为主导，不断培养学生的归纳总结能力和自主学习能力，进而提升学生的语文核心素养。

我们可以看到，“交流平台”多以情景对话的形式，为学生探究、总结和展示学习成果提供情境。通过对话交流的方式引导学生发现语言现象、梳理语文要素、总结语文方法，将语文知识、语文要素进行融合式归纳，有助于单元知识落实、习得语文要素和提升语文素养。

如三年级下册第四单元的语文要素是"借助关键语句概括一段话的大意"，本单元的"交流平台"就围绕这一语文要素进行了梳理和总结。教材在进行梳理时不仅结合了本单元的文章，也结合了三年级上册与本单元语文要素相关的文章，这就体现了知识的前后衔接，要不断地对所学知识进行梳理和归纳。"交流平台"提示我们"关键语句能帮助我们概括一段话的大意"，列举了三年级上册第六单元《富饶的西沙群岛》中描写鸟的段落，这一段中"西沙群岛也是鸟的天下"直接写出了这一段的大意，而有时候"一段话的大意需要根据关键语句的提示进行概括"，课本以本单元《花钟》一课的第2自然段进行了举例讲解；同时"交流平台"还对关键语句的位置进行了提示，"关键语句可能在一段话的不同位置"，这样就有效避免了有些学生只去段首找关键语句的思维误区。

我们看到，在传统语文教学中，教师往往只重视陈述性的知识教学，琐碎而不成系统。专门的能力训练远远跟不上，即使有训练，形式也多以单篇课文为主，杂乱无序。因此在新课程理念下，我们必须重视学生归纳总结能力的培养，使学生对知识的掌握从最初直觉的感性认识上升为系统的理性认识，提升学生的语文核心素养。

列宁说过"任何科学都是应用逻辑"。在现代社会里，各种信息铺天盖地，学生如果缺乏逻辑思维能力的话，其对信息的思维判断力也相对较弱，会直接导致自己错失许多成才的机会；许多人也因逻辑思维混乱，在表述现象、回答问题或开展相关研究时，只注重跟着文字感觉走，而不知如何表述自己的所感所悟，甚至概念不清、表述不明确、推理不科学、论证不规范的情况时常发生在自己的作品中。因此逻辑思维作为高阶思维的一种，是小学生必须具备的基础能力。培养学生的逻辑思维能力，是提升学生语文学习能力的关键，可以促进学生语言表达能力、写作能力、阅读能力以及多项语文技能的协调发展。在具体的教学过程中，教师要注意转变教学观念，让学生学习语文思维的方法，提升逻辑思维能力。

（三）“智美语文”指向学生创新思维能力的形成和发展

创新思维是指以新颖独创的方法解决问题的思维过程，通过这种思维能突破常规思维的界限，以超常规的方法和视角去思考问题。《义务教育语文课程标准（2011年版）》明确指出，在语文教学中要注意培养学生的创新意识和创新能力。实施创新教育是素质教育的核心内容，也是提升学生核心素养的基本要求，而创新思维又是创新能力的核心，因此在小学阶段语文教学中必须加强培养学生的创新思维能力。

小学语文教学内容丰富，形式多样，理应是培养学生创新思维能力的一块沃土。然而许多教师在传统应试教育的影响下，在课堂上依旧采用的是教师讲、学生听的“灌输式”教学模式，只根据书本内容进行知识讲解，枯燥乏味的教学内容和单一固定的教学模式在一定程度上影响了学生对语文学习的兴趣，也扼制了学生创新思维的发展。如果学生不能将所学知识进行灵活运用，那就更不用说运用所学知识解决实际的生活问题了。因此，作为语文教师，应该洞悉学生的心理，抓住教学契机，通过各种教学方法，充分调动学生的积极性，让学生在学习过程中打破常规思维和定式思维，通过质疑、求异、想象、实践，创新思维能力得到充分的开发与培养。

1. 影响学生创新思维形成与发展的几个问题

（1）忽视了学生创新思维能力的培养

由于长期受应试教育的影响，部分教师为了提升学生的语文学习成绩，只要求学生对所学知识进行机械式的记忆，而忽视了对学生思维能力的培养。这样死记硬背的教学方法，既不利于培养学生的学习兴趣，使学生感觉学习十分枯燥，体会不到应有的乐趣，也会导致学生在语文学习中缺乏思考，没有自己的观点和想法。

（2）单一的教学模式遏制了学生创新思维的发展

部分教师由于教学观念较为陈旧，依然以“集体教学”为主要教学方式，这样单一的教学模式忽视了学生间的学情差异，导致部分能轻松掌握知识的学生存在“吃不饱”的情况，不利于活跃和提升这部分学生的思维；而学习较差的学生则很难跟上教学进度，从而更不愿意进行思考。因此，“一刀切”式的教学不仅会加剧班级两极分化，同时还影响了学生的学习效率，阻碍了学生创新思维能力的培养。

（3）教师自身教学能力不足

就目前小学语文教学实际来看，部分教师虽然认识到培养学生思维能力的重要性，并开始注重对学生核心素养的培养，但由于自身教学能力不足，只能依靠以往的教学经验进行教学，无法实现语文知识的完全转化，这就影响了学生的学习效果。同时，教师没有找到培养学生思维能力的正确方法，对全新的教学方法并不能完全掌握，最终使学生课堂参与度较低，只能停留在知识学习层面，影响了学生创新思维能力的培养。

2. 培养学生的语文创新思维的方法

（1）打破思维定式

正如上文所指出的问题，受传统教学方法和模式影响，当前部分小学生在语文学习方面过于依赖教师的观点和想法，认为老师的观点就是自己的观点，这导致他们逐渐形成了思维定式，没有自己的观点和想法；尤其是部分教师习惯套用模板让小学生解答语文习题，这不仅会影响他们语文知识的灵活应用能力，最终也会导致出现思维单一的情形。因此学生创造性地解决问题最大的障碍就是思维定式。为了克服思维的刻板性和单一性，教师必须通过多种教学手段鼓励学生在思考同一问题时表达自己不同的观点和想法，以此来激发学生思维的灵活性。

多数学生具有从众心理，他们习惯让自己的想法与大家一致起来，这也是学生形成思维定式的根源之一。我们要帮助学生突破这种心理所造成的思维定式，就要鼓励学生提出各种各样的问题，不盲从于课文内容、老师、同学的话，敢于提出疑问。如教学《飞夺泸定桥》一课，一位学生提出了一个新颖而颇具思考价值的问题："敌人为什么不把泸定桥炸毁？难道是他们没有想到吗？"我立刻表扬了这个善于创新思考、敢于质疑的学生，并引导学生通过再读书、查阅课外资料解决了这个问题。原来是敌人想到了要炸毁，并在桥下安装了炸药，但他们并没有炸桥，这是因为一个险恶的阴谋——把北上抗日的红军消灭在桥头。只是他们万万没有想到，由于红四团战士英勇无畏，迅速夺下泸定桥，守桥的敌人吓破了胆，四散逃命，哪里还顾得上炸桥。通过这样的质疑和答疑环节，让学生从侧面更加感受到了红军那大无畏的英雄气概。因此，要培养学生的创造性思维，就必须引导学生摆脱思维定式的束缚，鼓励学生质疑问难，启发学生思考，点燃学生创造思维的火花，使学生从小具有一定的创造力。

（2）开拓求异思维

寻求差异就是主张追求答案和结论的多维性。在传统教学观念中，追求“标准答案”和“正确结果”是固定的方法与严格的操作步骤，这样的教育活动从一定程度上看几乎完全抑制了学生的创造性思考。要想让学生提出创造性的观点和想法，就要让学生寻求不同的思维方式，从多个角度和方向去思考问题，提出自己的意见和观点。

如学习《琥珀》一课，文章最后写道：“从那块琥珀，我们可以推测发生在几万年前的故事的详细情形，并且可以知道，在远古时代，世界上就已经有苍蝇和蜘蛛了。”教师在引导学生理解“只有蜘蛛和苍蝇凑巧被松脂包住，才能形成这块琥珀，由此可以看出科学家想象是合理的”这一点时，为了开拓学生的思维，可以拓展问题：假如事情不是那么凑巧呢？这个问题可以有效地引发学生的变向思考，如：有的认为要是蜘蛛把苍蝇吃了，琥珀里就只有一只蜘蛛了；有的认为蜘蛛还没扑到，松脂滴下来，琥珀里可能就只能看见苍蝇了；还有的想到蜘蛛还没扑过去，苍蝇飞走了，松脂滴下来，这样琥珀里就会什么也没有……我们看到，通过学习课文，这些想法都是新颖而且合乎情理的。这样的教学环节既加深了学生对课文的理解，又发展了学生的思维，可谓一举两得。

（3）发展逆向思维

逆向思维是一种放弃原来所提供的条件和习惯，总是向相反的方向思考的思维方式。逆向思维有助于提高学生的思维活性。积极培养学生的逆向思维可以使他们更直观地感受语文学科的奥妙，这不仅有利于引导学生深入理解文章内容和情感内涵，而且有利于更高效地学习文章所运用的各类写作手法，这样的教学引导对于提高小学语文教学水平和整体质量具有一定的应用意义。

如学习统编版语文三年级下册《慢性子裁缝和急性子顾客》一课，文中的急性子顾客迫不及待地想要穿新衣服，四天内不断地变换要求；而慢性子裁缝却没有一点儿不耐烦，始终不慌不忙地回应，结果却没有开始裁料。作者通过这样一个有趣的童话故事告诉我们做事不能过于急躁，也不能过于拖拉。学习完这个故事，为了让学生更加鲜明地感受人物性格特点，教师可以让学生结合课后选做题展开逆向想象，进行思维的翻转训练：假如裁缝是急性子，顾客是慢性子，又会发生怎样有趣的故事呢？让学生结合“急性子”和“慢性子”的性格特点仿照课文中的叙述方式新编故事，通过各抒己见有效地调动学生思维的灵动性。

（4）培养发散思维

为了打破单一的答案模式，让学生能自由表达，多样化表达，教师可以适当学会延迟自己的评价，让学生处于自然表达的状态，学生在表达的时候很快就会显示出新的想法和思考更深入的观点。尤其是在表达思考感悟阶段，教师尽量不要对学生回答的问题和建议进行否定的评价，要尽可能地为学生提供发散思维的空间，引发学生的多元思考。

一位教师在教学《亡羊补牢》这堂课的最后，问学生：“学了这则寓言故事，你知道了什么？”有的学生说要听邻居的劝告，有的同学说应该向邻居学习，尽快采取行动，还有的学生说应该向邻居学习，及时纠正别人的错误……学生讨论时教师并没有按照指导标准给予否定的评价，这样的“延迟评价”营造了宽容民主的课堂氛围，让学生畅所欲言，发表意见。因此在课堂上，教师应该注意掌握“延迟评价”的教学艺术，促进学生的发散性思考。在适当的时间里，引导学生展开讨论，在争论和交流中促进思维火花的碰撞。

3. 提升学生的创新力，培养学生的创新思维的方法

（1）突出学生主体地位，激活学生创新思维

教学，给学生讲授知识固然重要，但更重要的是教给他们学习的方法；学习，不仅仅是掌握文化知识，更重要的是要学会思考。“填鸭式”教学只会导致学生形成被动式学习模式，不利于发展学生的创新思维，也无法展示学生个性化的学习成果。因此，为了提高学生的创新能力，语文教师在日常授课时必须转变传统的授课模式，将教师角色由“主导式”变为“引导式”，让学生成为课堂的主人。引导，是老师最好的课堂组织方式；自学，是学生掌握知识的重要途径。教师要给学生提供更多交流和展示的机会，通过“主动参与，主动实践”的合作学习方式，让学生主动地参与、大胆地交流，在取长补短中使思维不断地擦出创新的火花，使学生的创新能力得到更好的锻炼。

突出学生的主体地位就要倡导启发式、探究式、参与式教学，激发学生的好奇心，培养学生的兴趣爱好，让学生学会发现学习、合作学习、自主学习。学习的主阵地是课堂，教师可以从以下几个方面入手，把课堂还给学生。

一是把学的权利还给学生。课堂应该是学生学的课堂，不应该是教师讲的课堂。教师的主要作用是明确学生学习的目标和重点，有的放矢地引导学生有效利用已有知识，通过自主学习、独立思考、合作交流、归纳总结把握新知，围绕重点、突破难点展开学习活动。这样，学生有没有充分的时间和空间来自主学习就尤为重要。因此，我们要把学习的权利还给学生，放手让学生独立学习，让他们在学习中发现问题、提出问题、分析问题、讨论问题，在思维的碰撞中实现知识的内化，从而不断提升自己的学习能力和解答问题的能力。

二是把想的时间交给学生。问题的解答是建立在已有知识的基础上的，思维需要过程、需要时间。作为老师，当学生遇到问题的时候，不是直接告诉他们问题的答案，而是要创设问题情境，引导他们用自己的思维方式获取问题的答案，这就要求教师要给予学生充分想的时间。学生只有经历了思维的过程，他获取的知识才是理解基础上的真知，才能够利用这些知识解决问题。

三是把做的过程留给学生。实践过程是学生学习知识的最高层次。看学生能不能真正掌握知识，要看学生会不会灵活利用这些知识来解决实际生活中的问题，这就要靠实践来检验。做的过程，一是看学生在课堂上能不能利用所学解答问题，二是看学生能否利用所学知识解决实际生活中遇到的问题。这一切都需要学生亲自去做一做，学生只有在实际训练和操作中才有可能发现哪里存在问题，从而去弥补，也只有通过实际的训练和操作才能真正将知识巩固。

四是把说的机会让给学生。表达的过程也是学习的过程、思考的过程。课堂上要有意识地让学生多说、多交流。交流就是思维碰撞的过程，就是辨别是非、获取真知的过程。要增加学生说的机会，不怕学生表达不完整，就怕不让学生说完经常打断。老师从学生的交流和表达中也会发现问题所在。

五是把问的空间留给学生。问题是最好的老师。老师设计好的问题是问题，学生自己发现和提出的问题可能会更有指向性。学生只有能够提出问题，才说明他真正思考了，也才是他真正需要解决的问题。知识就是在质疑释疑中获得的。要鼓励学生多问，培养学生好问，要给学生问的空间。

（2）鼓励学生大胆提问，提高学生质疑能力

要培养学生的创造意识和创新能力，就要注意培养学生的质疑能力，就要明确有时候提出问题比解决问题更重要。质疑能力的养成有益于思维能力的发展，也有益于创新能力的提高。能够自主地针对学习内容提出问题，说明学生已经进行了深入思考。由于学生的基础认知能力有差异，学生的质疑能力也会有所不同。在日常授课过程中，小学语文教师要对质疑能力差的学生多鼓励，使其有提问的勇气，为其逐步发展创新能力铺平道路。

传统的语文教学过程中，教师习惯抓住课文的重点，通过教师设疑的方式达到使学生明确学习目的的目标。这种教学形式抑制了学生学习的主动性，限制了学生的思维，也不利于对学生质疑能力的培养。因此我们必须突破“教师问，学生答”的教学模式，大力鼓励诱导学生质疑，变教师“自我设疑”为学生“主动设疑”，充分调动学生的积极性，发挥学生的聪明才智，使其真正成为学习的主人。因此在语文教学中，教师要有意识地指导学生质疑的方法，培养学生形成质疑的习惯。

第一，方法引导，形成有效的质疑能力。提出问题对小学生来说并不是难事，难的是提出有价值的问题。从教学实际来看，学生提出的问题一般范围较广、内容较杂，而且往往缺乏深度和典型性，这是由学生对教材的不同理解所决定的。鉴于此，教师应充分发挥自己的主导作用，帮助学生学会怎样提有质量的问题，有意识地建立一种“提问”的课堂气氛。对学生提出的五花八门的问题，教师应进行适度的调控，根据问题的表述发现其思维的特点，引导学生从浅层次的思考走向深度思考，促进新的求知欲的形成。

第二，环节渗透，培养积极质疑的习惯。日常教学中，教师要注意在教学的各个环节有意设计质疑环节，培养学生积极质疑的良好学习习惯。如课前预习环节，可以布置学生进行预习提问的作业，根据自己对课文内容的理解，提出自己想知道和想提问的问题，记录下来汇总给老师。课前交流环节，教师可以让学生进行问题交流，通过交流与讨论引发学生对学习内容的深度思考，激发学生的学习兴趣，激活学生的阅读思维。课堂授课环节，一方面在阅读与谈论中解决学生课前提出的问题和疑惑，另一方面也要不断地推动学生思维的前进与深化，引导学生提出新的问题与想法。课后巩固环节，可以让学生对自己

课前提出的问题进行“自问自答”，促进学、思、疑、问、悟的结合，并注意循环往复，不断提高。

总之，质疑是深入学习知识的起点，也是闪现智慧火花的开端，正如古人所言：“学则须疑，小疑则小进，大疑则大进。”一种新的认识或创造发明，都跟疑紧密相关，不善于质疑求异的人，在学习和工作中就不会有创造精神。所以我们在课堂教学中，要鼓励学生大胆地见疑求异，要敢于疑课本之说，疑教师之解，疑权威之言，在提问中探幽索微，寻求真理，掌握知识，并在此过程中发展学生的思维力，提高他们的认知水平。

（3）创设丰富的学习情境，培养创新思维能力

小学生阅读理解能力较欠缺，通常难以深入理解和感悟阅读材料，容易停留在表面，也容易人云亦云。为了让学生能更深入地把握文章内容，了解文字背后的深层次含义，读出自己的感悟和理解，教师应在阅读教学中通过多种手段为学生创设丰富的情境，启发学生展开奇妙的想象，掘深深度、拓宽广度，激活潜能、激发兴趣，从多角度对文章进行思考和感悟，打破思维定式，提出自己的看法和意见。

美国著名教育家、心理学家杜威在《我们怎样思维》一书中提到“思维起于直接经验的情境”这一理论。因此，情境对于语文教学必不可少，它是连接语文教学内容和学生思维感情的纽带。当然，在创设情境的过程中，一定要考虑课文题材体裁的不同，根据创设情境的具体目的，结合学生的生活经验和知识基础选择最恰当的方法，这样才能起到事半功倍的作用。在小学语文课堂中创设丰富情境的方法主要有：

一是补充文字资料。通过补充与文章有关的文字资料，如作家资料、作品写作背景、拓展阅读文章等，可以有效地丰富学生的认识，启发学生的想象，引导学生多角度思考课文，产生更深和更新的认识。

二是补充图片资料。通过补充与文章相关的图片资料，可以使学生的认识具体化和形象化，有利于加深学生对课文的理解，激发学生的个性化想法。

三是通过语言渲染。教师通过语言进行渲染和引导是一种非常有效的情境创设方法，学生常常会随着教师优美的语言和饱满的情绪展开联想，由此产生自己的想法和观点。

四是通过音乐渲染。恰到好处的音乐有利于渲染学生的情绪，引发学生情感的共鸣，加深学生对文字的感悟，激发学生新的灵感和感悟。

五是补充视频资料。有时视频资料可以帮助学生更快速、更清晰地在头脑中形成认识和感悟，在具体情境中加深理解和感悟，提出自己的看法。

六是组织学生表演。通过表演情境的创设，能很快地调动起学生原有的生活体验，学生的感情和思维都直接切入课文内容，从而极大地激发学生学习的兴趣，提高教学效率。

（4）开展语文实践活动，提升学生创新思维

语文源于生活又高于生活，丰富的实践活动不仅会调动学生的学习兴趣，同时还能帮助学生积累生活经验，从实践中自主获取知识，并形成完整的思维流程。学生通过实践活动，能够将理论与实践相结合，加强对知识的转化，并锻炼思维能力，创造性地提出自己的观点和意见，因此丰富多样的语文实践活动，有利于开阔学生视野，发散学生思维，激发学生的创新思维。

辩论会就是一种有效的开阔学生视野、发散学生思维、激发学生创新思维的语文实践活动。在辩论活动中，学生要自主收集相关素材，并在课堂上分正、反两方进行辩论比赛。

通过辩论可以使学生的语言表达更具艺术性，很多学生在参加了几场辩论赛之后，从一开始在场上的哑口无言变成了妙语连珠、引经据典，经常使用名人名言和修辞手法；也有利于增强学生的应变能力，使思维能力得到提高，看问题更加深刻，不再停留在肤浅的表面，能看到问题更深层的东西，能够多角度看问题。这种教学与实践的结合，能有效锻炼学生的综合能力，并通过实践强化学生的思维能力。

（四）"智美语文"指向学生批判思维能力的形成和发展

批判性思维一般包括思维过程中洞察、分析和评估的过程，是一种基于充分的理性和客观事实而进行理论评估与客观评价的能力及意愿。它一般不为感性和无事实根据的传闻所左右，因此具有批判性思维的人能在辩论中发现漏洞，并能抵制毫无根据的想法。

在一次统编版小学语文教材研讨会上，曾有人询问温儒敏教授这样一个问题：因为应试教育，我们的语文教育中处处存在着"标准答案"，学生对文

章只能有一种理解，您对此有何看法？语文教育是否应当承担培养学生批判性思维的使命？温儒敏教授是这样答复的：知识性的问题，应当有相应的标准答案。而有些属于理解性的可以从不同角度切入的问题，如对课文内容的理解，应当容许有不同理解，不一定设立标准答案。中小学考试往往有所谓的标准答案，部分原因是为了阅卷评分的方便，延伸到教学中，也就以标准答案来限定学生思维，这是不合适的。改善的办法是提高命题的水平，有一部分题是可以容许不同发挥的，不要标准答案。教学中应当加强思维训练，特别是批判性思维。通过“语用”的学习把思维能力带起来，这是我们语文教学的弱项。著名语文教育学家于漪先生也认为，“批判性思维是思维中最核心也是最高级的能力”。由此可见，在语文学习中加强学生批判性思维的重要性。

培养学生批判性思维的前提是教师要具有批判性思维。在教学过程中，首先，教师要具有开放的胸怀，带着批判性的思考多元化解读教材，不拘泥于条条框框，对教材创意使用，选择最有效的教学策略。其次，教师要具有反思思维，在教学中能够对自己已有的观念进行修改、删减和替换，不拘泥于已有的知识经验。再次，教师要深入了解本门课相关的教学思想和教学观点，不断吸收最新的课堂研究成果，结合学生的实际情况，提出批判性的观点、意见，找到教学的最佳方案。最后，教师要与学生建立民主平等的新型师生关系。批判性思维的鲜明特征决定了它的培养必须存在于一种和谐、民主、平等的关系当中。教师与学生在人格上是平等的，教师只有时刻树立“以学生为主”的教学理念，与学生相互尊重，允许并鼓励学生有自己的理念和见解，才能激发学生的批判性思维，营造和谐、平等的课堂。

语文课堂上围绕教学重难点，学生在认真倾听、捕捉信息的基础上，独立思考，形成自己独特的见解，再在教师的引导下恰当适时地展开辩论，不断提高、强化认识，从而发展学生的批判性思维能力。

1. 鼓励学生用批判性思维去品悟传统经典名篇

传统经典名篇博大精深，是中华民族文化的瑰宝，但是阅读经典名著时，语文教师也应该引导学生用批判性思维去阅读与学习，从而使学生突破传统定论，获得自己的观点，有所创新。对于学生的大胆质疑，教师必须学会准确判断，因势利导。如果教师轻率地否定学生提出的问题，势必会挫伤学生求知的积极性。

五年级阅读《西游记》一书，教师就可以引导学生阅读并思考：孙悟空到底是不是个英雄？可以让学生分为正、反两派，各自通过阅读收集资料支撑自己的观点。一部分学生认为吴承恩笔下的孙悟空是个英雄，因为他出身不凡、本领强大，拥有七十二般变化、火眼金睛分得清好坏人、金箍棒大小如意变化、一个筋斗云十万八千里。而且，他有反抗精神，敢大闹蟠桃盛宴，偷吃太上老君的金丹，大闹灵霄宝殿，要三界共主玉皇大帝让位，说"皇帝轮流做，明年到我家"。他还特别忠诚、有情义，在三打白骨精中，为了保护师父，宁愿被师父责备和念他难以忍受的紧箍咒，也对师父不离不弃；在被赶走时，绕着师父转圈磕头拜别才回花果山；后来，听到师父被黄袍怪变成老虎，他毫不犹豫地赶回来救师父等。而一部分学生则以批判性的眼光去看孙悟空，提出他不能算一位英雄，因为他生性残暴、野性难驯，有时缺少慈悲之心，会胡乱杀生。经过这样的辩论，学生们对孙悟空这个人物形象就有了更深刻的认识。教师也可以相机进行总结：英雄并不是没有缺点的，世界上原本也没有完美的人，要结合具体情境进行全面分析而不能断章取义。正如孙悟空，我们要用发展和成长的眼光看他，最开始的时候他胡乱杀生，但后来越来越有慈悲之心，取经就是一个不断修心修行的过程。这种人物的成长和蜕变也正是经典名著的魅力所在。

2. 鼓励学生敢于向作者的观点提出质疑

有些文章，作者对自己写的人物或事物很喜欢，大加赞美，教师也可以引导学生进行批判性学习，帮助学生问有质量的问题，有意识地营造"提问"的气氛，提高学生的思辨能力。对于学生提出的问题，教师要从中发现其思维方法、分析问题的能力以及学习中存在的不足，并及时给予有针对性的指导。教师要根据学生的思维特点，揭示规律，为学生质疑问难引路，为学生积极地思维创造条件，培养学生的实践能力。

统编版语文五年级上册《落花生》一文是一篇经典课文，许地山肯定了落花生那默默无闻的品质，但这种品质也有时代的局限。特级教师孙双金老师在教这篇课文时，就在把握文本、学习语言的基础上引领学生"站起来"学习。教学"议花生"这一部分时，以"当今社会，你愿做苹果这样的人，还是愿做落花生那样的人”为辩题，让学生自愿组成了两派：“苹果们”高居讲台，“落花生们”在自己座位上，分别陈述各自的优点，又指出对方的不足。之后联系时代阐述了自己要做苹果（落花生）这样的人的理由，都言之成理，持之有据，争论中高潮迭现。最后老师说：“今天到底要做怎样的人，谁来归纳一下？”学生们不约而同，认为既要像落花生那样脚踏实地，也要像苹果那样敢于推介自己。老师说：“台上的‘苹果们’请回自己的座位，和‘落花生们’融为一体吧！”这样的课堂，学生在思维、情感、价值观等诸多方面都有更新且更全面的感悟与升华，可谓精彩！

3. 鼓励学生大胆抒发感悟，培养学生的个性思维和批判性思维

在教学中，我们要引导学生打破常规，发散思维，强调思考问题时要有高度的自主性、独我性，有鲜明的个性色彩、个性特长、个体优势的独立创见，不是人云亦云、步人后尘，而是多元化地寻找问题信息并个性化地予以表述。运用这种思维方式，可以摆脱传统习惯的禁锢，突破常规束缚，提出新颖独特的见解，抒发自己的心声。因此，教师要善于发现学生的闪光点，唤醒学生的智慧潜能，激发学生的探求志向，鼓舞学生大胆发言，激励学生自尊自信，而思维的自我完善甚至灵感与创新的火花，将在自尊自信的背后闪现。

仍以阅读《西游记》为例，网络上有这样一则报道：正当《西游记》被如火如荼地进行各种影视作品改编时，浙江九莲小学的一名11岁小学生，却发现了其中的一个漏洞，并且把这个发现写成了一篇作文。专家看了之后，竟然无法反驳。很长一段时间，这个问题都没有人发现。什么漏洞呢？这名11岁的小学生叫马思齐，她从小酷爱阅读，《西游记》等经典作品更是翻看了无数遍。她看着看着发现了一个问题：唐僧四人从东土大唐到西天取经，为什么一路上出现的菜式都差不多呢？而且有的西域应该没有。后来她查阅了相关资料，发现吴承恩是淮安人，这些菜都是淮安菜。专家提出猜测，也许是吴承恩习惯于家乡菜，以为外地也吃这些菜，于是就写进了作品里。从这个发现我们可以看出，这个学生阅读原著非常有耐心，同时还善于观察，很细心。最难能可贵的是，她还非常有批判精神，敢于大胆提出质疑，并且提出疑问后有钻研精神，愿意去查大量的资料解决问题。由此可见，名著经典的阅读不仅有助于学生对文化有更深刻的理解，有助于文化的传承，而且批判性的阅读，创造性的阅读，还有助于在这座传统文化宝库中发掘出更多的资源，切合时代精神，成为文化传播的载体，在世界文化生态中增强影响力。

因此，只有注重培养学生的问题意识和批判性思维，才能使语文课堂成为全体学生参与并求知成功体验的课堂，成为促进师生共同成长、散发"生命力"的课堂。

二、"智美语文"课堂彰显"美"

正如现代作家萧乾所说，文字是天然含蓄的东西。中国的每一个汉字都是一段文化，都是一个故事，看起来都是一幅画，读起来都是一首诗，我们不能只热衷于去追求它的语用价值而忽略了它对人的情感熏陶作用。因此语文教学既要像诵读一首回味悠长的歌谣，让学生从文字中体会传达的憧憬和理想，又要像讲述一个欲说还休的故事，让学生从作品中感受凝聚的美好感情和灿烂智慧。

（一）"智美语文"指向发现汉字的美

鲁迅先生曾指出，"中国文字具有三美，意美以感心、音美以感耳、形美以感目"，汉字之美，美在"音""形""意"。因此，汉字教学不应仅仅停留在会读、会写的层面上，而应该让学生通过联想与想象，感悟汉字的字意美；通过多种形式的倾听、朗读等方式，感受汉字的音韵美；通过观察、比较、临摹、练习等方式，体会汉字的字形美。

1. 意美以感心——感悟汉字的字意美

意指汉字的内涵、意蕴、意境，它是汉字的精神内核。汉字具有丰富的文化内涵，是一种文化载体。汉字的意蕴美充满了人文精神与文化价值，传达着汉字蕴含的文化观念和传统文化精神，能营造汉字的意境，给人以审美意趣和情感归依。汉字演变的过程是一个从具象到意象再到抽象符号的创作过程。作为一种抽象的文化符号，每一个汉字似乎都蕴含着古人的思想意识、价值取向、道德观念，蕴含着中华民族几千年来对自然、社会、精神世界的态度和民族智慧。

汉字造字过程中，指事、会意、形声字的创造，体现着汉字启发生命、传递智慧的特征。

指事、会意通常是指借用相关的符号、形象，采用象征、比喻、联想的方法间接地表达文字的内涵。指事是用符号标出事物的特点以表示字义的一种造字方法，强调在观察与认知的基础上对物象进行概括、提炼，抓住最能表达事物特征的角度表现对象，以获得整体和本质的传达。

会意是合字表义的造字方法，即组合两个或两个以上的字构成一个新字，凭借字的意义关联，衍生出新的意义，其中包含着想象的智慧。天地万物、自然人类，其形有别，其理相通。通过关联、推演、归纳的思维过程，找出事物间的规律与联系，又通过想象产生新的概念。抽象的概念借用物象间的组合关系得以表达，其中蕴含着高超的智慧。

形声字正是通过以声音相通的方式建立与世界联系的，体现了整体、联系的思维方式。巧意文字是用隐喻、含蓄的设计语言传达设计者智慧的一种表现方式。拆解、重组、谐音、表情、表义都能产生区别于文字本意的新的意象。文字寓意使人领略文化的乐趣，这种隐喻的方式能启迪智慧，给人以联想的空间，可谓“言有尽而意无穷”。

汉字总量有八九万之多，而表义却非常精微、细腻、准确，甚至有一种只有用心品味才能捕捉到的深刻和入心入魂。同样是表述一个意思，善于用多层面、多角度、多维度来描述界定，凸显汉字造词造字的缜密思维，形象准确，言有尽而意无穷。比如一个“看”，可以用“观、视、望、瞰、瞧、瞅、瞄、瞥、觑、窥”等来描述。写作者在写作中不断揣摩和品味，“揣摩”和“品味”的过程，就是不断升华的过程，让简单的文字生出更多情趣以及悠远的想象空间。所以，很多人都喜欢“咬文嚼字”“遣词炼句”，通过这种咀嚼、品味、锤炼，让汉字的意境美沉淀到内心，衍生出一种只可意会不可言传的深层的陶醉和美感。

2. 音美以感耳——感受汉字的音韵美

汉字是一字一读音，每个读音有阴平、阳平、上声、去声四个声调，这样在阅读的时候，就有了高低起伏、抑扬顿挫，在这个基础上投入感情去朗读，有变化，不生硬，很耐听，容易打动人心。特别是用汉字写成的诗歌和词，有平仄的节奏错落，有声律的相互交错，有速度的缓疾变化，就更富有音乐美了。古人喜欢吟诵诗词，且摇头晃脑、引吭高歌，那种怡然自得、无限陶醉，不正是音乐美的最好见证吗？现代资料显示，由于汉字语音响亮清晰，没有轻辅音，所以汉字在“人机对话”方面占有优势，这更是汉字音乐美的最好证明。

其音韵之美变化无端，可使人闻之变色，或喜上心头，或泣下沾襟。汉字的音韵美除了受惠于汉字的声调、音节特点外，还得助于它的音义同构现象。据研究发现，许多汉语单字的发音与其所代表的含义具有某种契合。也就是说，凡意义相对昂扬奋发、时空关系及含义指向都呈正向扩张型的字，其读音多响亮、厚壮，发音时的双唇开口度都相对较大，这类音为阳性音。反之，凡意思相对收缩、压抑、呈负向退降的字，其读音多沉钝、拘谨，发音时双唇开口度都相对较小，这类音为阴性音。因此音义同构现象极大地强化了汉语的音象美。

汉字的音韵美在古诗词中体现得尤为突出。如李白的《关山月》：“明月出天山，苍茫云海间。长风几万里，吹度玉门关。”没有人不会为此诗所描绘的宏伟壮观的景象所震撼。但除了视像美之外，我们还感到一种更强有力的东西回荡在耳畔，那就是它那响亮、强壮甚至带有一种威压感的阳性音。由于它们在含义上表现了廓大的空间关系，语音上也响亮，开口度大，声威赫赫，因此，这是典型的音义同构现象，非常圆满贴切地传达了诗人想要为我们描绘出的万里长空的宏伟视像。

既然描绘宏伟场面的作品宜使用具有阳性音的阳性字眼，那么，不言而喻，描写低沉、压抑情绪的作品就宜使用具有阴性音的阴性字眼了。如李清照的《声声慢》：“寻寻觅觅，冷冷清清，凄凄惨惨戚戚。乍暖还寒时候，最难将息。三杯两盏淡酒，怎敌他、晚来风急。雁过也，正伤心，却是旧时相识……”这是一首极度促迫愁苦之作，作者使用了大量具有阴性音的阴性字。尤其是韵脚“i”音，是典型的阴性音，开口度最小，因而也最宜于传达负性信息。大量的双声、迭字全都是阴性字。全词共97个字，就有76个字是阴性字！这是极为罕见的文字构成。阴性音“i”在这首词里特别突出，它通常包含大量的舌音和齿音，这就把诗人那种近乎咬牙切齿、欲说还休、愁肠百结的情状极微妙真切地描绘了出来。

这种基于词音、韵脚特征相同或相近而形成的具有不同风格的音韵旋律，与音乐中的不同调式和曲式具有相似的风格及功能。有的洪亮、强劲、欢快，如音乐中的C大调，适宜于象征诗人激昂、奋发、达观的思想情感（如杜甫《闻官军收河南河北》）；有的舒缓、沉郁、幽深，如音乐中的小调，适宜于象征思古的幽情和缠绵悱恻的情思（如崔颢《黄鹤楼》）；有的轻柔、细微、空灵，如音乐中的小夜曲，适宜于象征清新、明丽的环境和诗人恬淡的情趣（如王维《山居秋暝》）；有的雄浑、开阔、悠长，如音乐中的交响曲，适宜于象征阔大的气象或迷蒙深远的境界（如孟浩然《望洞庭湖赠张丞相》）。

中国古典诗歌就是以这种音义同构的音律形象，声情并茂地阐发诗意的。这就使构成中国古典诗歌符号系统的汉语具有双重的表意功能：既通过语言的一般概念意义写物抒情，又通过词音的象征功能隐喻对象的情景意韵特征，使人对诗意的把握领会既可以通过词语概念由抽象到具体的转换想象而获得，又可以通过对词语音韵的直接感知而获得。

当然不只是古典诗歌，现代散文也十分注重汉字音韵美的运用。

第一，整齐匀称的音节。古人写诗习文喜欢用偶句，讲究对称。今人虽不那么讲究，但适当地注意音节配合，可以增强文章的节奏感和气势。如朱自清的散文《春》中描绘春天鲜花盛开：“红的像火，粉的像霞，白的像雪。”均为四字句，句式相同，音节匀称，写红、粉、白的颜色，分别用比喻——像火、像霞、像雪，这样描写不仅色彩艳丽，而且读来整齐悦耳，一派春的勃勃生机，蕴含着诗情画意。写春雨“像牛毛，像花针，像细丝”，同为三个比喻句，句式相当整齐，语调短促，充分展示了“润物细无声”的春雨特点。

第二，平仄相间的声调。在律诗中，音节的平仄常常交替使用，从而收到声调抑扬顿挫、悦耳动听的效果。如果散文能适当注意平仄变化，也可以使音调起伏曲折。如冰心的《樱花赞》描绘各种樱花：“掩映重叠，争奇斗艳。”前句“仄仄平平”同后句“平平仄仄”相对。

第三，和谐自然的韵脚。碧野的《天山景物记》中有一段：“当这个时候，饮马溪边。你坐在马鞍上就可以俯视那阳光投射到清澈的水底，欣赏那五彩斑斓的水石间，鱼群闪闪的鳞光映着雪水清流，这给寂静的天山添上了无限生机。”句末“候”“流”韵脚为“ou”，“边”“间”韵脚为“an”，“底”“机”韵脚为“i”，句与句的押韵虽然间隔长一些，也不那么严整，但仍韵味十足，和谐悦耳。

第四，回环悦耳的叠音。叠音词运用恰当，可以突出词语意义，加强对事物的形象描绘。朱自清的《荷塘月色》中，"曲曲折折的荷塘上面，弥望的是田田的叶子。叶子出水很高，像亭亭的舞女的裙。层层的叶子中间，零星的点缀着些白花……正如一粒粒的明珠，又如碧天里的星星，又如刚出浴的美人。微风过处，送来缕缕清香，仿佛远处高楼上渺茫的歌声似的""月光如流水一般，静静地泻在这一片叶子和花上，薄薄的青雾浮起在荷塘里"。句中"田田""亭亭"描绘出荷叶特有的风韵，"层层"写出叶子的密，"粒粒"写出花的点缀，"静静""薄薄"则写出这些景致的静谧神韵，这样朦胧的如云雾轻纱笼罩下的月下美景，被极细致地描绘出来，而且叠词的运用更使这种美体现得恰到好处，读来音调优美，行文气势悠扬婉转，舒缓不迫，与整篇作品的情调很吻合。

教学时教师要结合汉字音韵美的特点，指导学生在朗读中感受文字之美。

3. 形美以感目——体会汉字的字形美

"形美以感目"道出了中国汉字独有的形体美的特点。汉字是方块字，这种"方"蕴含着中国古先哲"天圆地方"的思维认知，有思想之美。汉字有左右结构、上下结构、包围结构和独体字结构，蕴含着中国哲学的中和、谦让、对称、均衡等，有浓郁的民族美的特点。它还有书法之美，大篆小篆的古朴优雅，金文甲骨文的厚重凝重，楷书的中规中矩等，汉字的线条不像西方文字那样直来直去，苍白无韵，而是有顿笔，有提笔，有挑笔，有迂回之笔，有横平竖直，有框架结构，还要在其中倾注一种独特的内蕴和气象，或坐，或卧，或走，或跑，或端庄，或大气，或峭拔，这已经不是单纯的汉字了，而成为富有生命色彩的艺术品，书写者成了美的创造者，阅读者和旁观者成了美的欣赏者，形成一种"各美其美、美人之美、美美与共、天下大同"的和谐的审美格局。

中国的汉字之美体现在演变和书写之中，一方面，汉字的演变过程深刻展示了汉字形体所透露的自然、历史之美；另一方面，汉字的书写过程集中刻画了汉字形体的变化之美。教师在教学时要将汉字演变与书写融入其中，让学生感受形体美的真意，从而培养学生的审美能力。

如教学"翼"字，甲骨文中这个字由两部分组成：上部的""表示飞翔，下部的“”表示身披羽装，准备飞行，因此这个字的造字本义是“在肩背上系人工翅膀，助跑试飞”。从这个字的字理演变我们不难看出，它承载着几千年前中国古人渴望飞翔的梦想，他们尝试在肩背上系着人工翅膀，借助跑产生的风力实现飞天之梦。了解了“翼”字的造字本义，可以让学生从一个简单的字形符号感受到蕴藏在这个字里的人文内涵；指导书写时教师则可以结合字形的观察让学生感受书写之美，写出字形的特点，教师可以通过书写口诀“三个部分要写扁，主笔长横写伸展，长点拉长重心稳”指导重点笔画的书写。无论是演变还是书写，学生都在密切接触汉字时有效升华了对美的认识和理解，提高了审美能力。

（二）“智美语文”指向品味语言的美

品味语言的美就是指通过对文章语言的反复推敲、细心揣摩、认真辨析、深层体会，领悟作者运用语言文字所实现的“传情达意”。品味语言是为了更好地感知语言、运用语言和发展语言，是一种积极的创造性的思维活动。小学语文教材文本，诗歌语言凝练传神，散文文字优美，记叙文语言生动形象。教师应注重引导学生推敲、欣赏，提高他们的语感，让他们受到美的熏陶。

品味语言的美是领略文章神韵的关键。手捧一篇精美的文章，犹如端详一杯刚刚沏好的绿茶，其色鲜亮，其香清幽。呷上一口，让人顿觉浊气散尽，神清气爽；细品一番，缕缕香醇停留于唇舌之间，荡漾于肺腑之内，叫人荡气回肠，回味无穷。这种境界，只有用心品味的人才能享受得到。在语文教学中，教师必须重视对美的语言的品味，努力培养学生的语言思维能力和审美能力。

要想品味语言的美，就必须通过对文章语言的品赏，分析文章塑造的形象，感悟语言的魅力，挖掘文章的内涵，领悟作者的真情，只有这样，才能从阵阵墨香中品尝到中华语言文字的独特韵味。

1. 品味语言的形式之美

语言形式表达着事物的个性化特征，表达着作者的个性化思想和独特情感。阅读教学，要理解语言形式所表达出来的内容和情感，其实是通过读书，实现“语言文字”向“形象、意义和思想”的转化。也就是抓住关键的语言现象，指导学生深入体会事物的典型特征，体会作者要表达的独特情感和思想。

语言的形式之美的重要性正如朱光潜先生的经典阐述：“从前我看文学

作品，摄引注意力的是一般人所说的内容。如果它所写的思想与情境本身引人入胜，我便觉得它好，根本不很注意到它的语言文字如何。反正语文是过河的桥，过了河，桥的好坏就可不用管了。近年来我的习惯几已完全改过。一篇文学作品到了手，我第一步就留心它的语文。如果它在这方面有毛病，我对它的情感就冷淡了好些。我并非要求美丽的辞藻，存心装饰的文章甚至使我嫌恶；我所要求的是语文的精确妥帖，心里所要说的与手里所写出来的完全一致，不含糊，也不夸张，最适当的字句安排在最适当的位置。那一句话只有那一个说法，稍加增减更动，便不是那么一回事……"

（1）语言的形式之美，美在整齐

著名语言学家王力先生曾提出："在语言上，整齐美主要采用对偶和排比这两种修辞。对偶是平行的、长短相等的两句话；排比则是平行的，但是长短不相等的两句话，或者是两句以上的、平行的、长短相等的或不相等的话。排比能构成语言的气势美，是人类所共有的；对偶却是汉语特点所决定的。在对偶这个修辞手段上，汉语得天独厚，值得发扬光大。"

语言形式的整齐美最显著的便体现在古诗词中。它的句子长短适度，段落匀称，往往以整齐、凝练的语言，通过形象化的构思，表达情感，揭示思想，产生一种整齐的美感。古典诗歌的句式美主要体现在句式的对仗上。讲究句式的对仗可以说是古典诗歌创作的一个传统，这个传统在我国古代第一部诗歌总集《诗经》中就已经出现了。到了唐代的律诗，这个传统便被定格为律诗创作必须遵循的一个原则。比如杜甫的《春望》："国破山河在，城春草木深。感时花溅泪，恨别鸟惊心。烽火连三月，家书抵万金。白头搔更短，浑欲不胜簪。"中间两联"感时花溅泪，恨别鸟惊心。烽火连三月，家书抵万金"，对仗十分工整。这种对仗在诵读时，整齐划一、和谐一致，十分优美。教学时教师如能引导学生认真品味，定能品味出语言形式的整齐之美。

当然除了诗歌，许多现当代散文大家也都十分注重在文章中通过句式的整齐之美赞美事物、抒发情感，前面提到的朱自清先生的《春》便是很好的例子，又如他的《匆匆》一文，"燕子去了，有再来的时候；杨柳枯了，有再青的时候；桃花谢了，有再开的时候"。通过这种句式整齐的排比句，让人身临其境地感受到时光的匆匆而过。再如《秋天的雨》一文，"秋天的雨，有一盒五彩缤纷的颜料。你看，它把黄色给了银杏树，黄黄的叶子像一把把小扇子，扇哪扇哪，扇走了夏天的炎热。它把红色给了枫树，红红的枫叶像一枚枚邮票，飘哇飘哇，邮来了秋天的凉爽”。通过两组句式整齐的句子描绘出了一幅五彩缤纷的秋天的图画。这些句式整齐的句子往往充满着独特的画面美和情感美，阅读时教师要引导学生重点体味与学习。

（2）语言的形式之美，亦美在参差不齐

语言的参差美也是语言形式美的一种表现。所谓“参差美”指的是文章或作品的行文中，句子长短交替、整散结合，给读者造成一种特殊的效果和美感。长句的表达效果往往是严密周详、委婉细腻，短句的表达效果往往是明快、活泼、简捷、有力，长短句彼此交织在一起，便相得益彰，耐人品味。小学语文教材中的课文虽多内容浅显，但语言优美，既有大量充满整齐美的句式和段落，亦有很多句式灵动、形式自由的充满参差美的片段，如《四季之美》中描写秋天的段落：“秋天最美是黄昏。夕阳斜照西山时，动人的是点点归鸦急急匆匆地朝窠里飞去。成群结队的大雁，在高空中比翼而飞，更是叫人感动。夕阳西沉，夜幕降临，那风声、虫鸣，听起来也愈发叫人心旷神怡。”这段文字，句子虽长短参差不一，却错落有致，尤其是“夕阳西沉”“夜幕降临”两个独词短句，简洁优美，将人引入秋天傍晚的情境，形成了语言的参差美。又如冰心先生的《肥皂泡》：“若是扇得好，一个大球会分裂成两三个玲珑娇软的小球，四散分飞。有时吹得太大了，扇得太急了，这脆薄的球，会扯成长圆的形式，颤巍巍的，光影零乱。”在描绘肥皂泡的形状时作者没有进行大段的描述，而是抓住它的形状变化之美，通过“四散分飞”“颤巍巍”“光影零乱”这样简单却又充满画面感的词语，描绘出一幅生动有趣的童年画面。许多看似参差不齐的语言中却藏着作者独特的匠心，教学时教师也要有意识地引导学生关注和学习这种写作形式。

2. 品味语言的含蓄之美

“文章不厌百回读”“言有尽而意无穷”。所谓含蓄就是话不明说，委婉曲折，言近意远。文学作品之所以美，不仅在有尽之言，而尤在无穷之意。含蓄的语言虽隽永、深沉，却饱含着智慧，耐咀嚼、耐揣摩，因此教学时要引导学生从语言的形式走向语言的内涵，品味语言的含蓄之美，步入深邃的思维之中。揣摩并学会欣赏语言的含蓄风格，进而在实践中加以运用，是学习课文语言的精髓。

小学语文教材中语言的含蓄之美多见于作者所用的一些象征手法中。例如统编版语文五年级上册的几篇文章，郭沫若的《白鹭》，作者运用一唱三叹的笔法赞美了白鹭的“精巧之美”和“质朴之美”，于文字之中蕴含着对白鹭那自然天成、质朴平凡、清纯自然之美的赞赏。结合文章的写作背景，我们不难发现，作者借这如同“散文诗”一般的白鹭也表达了自己在革命的激流旋涡中，愿如同一只默默无闻的白鹭一样永葆一身清白，保持处之泰然的风采。文章全文语言精练，有种清新淡雅之美，作家对白鹭的喜爱与惊叹之情隐潜在字里行间，没有一句直接抒情，却句句含情，这样的感情流露是含蓄的，也是自然和真挚的。刘章的《搭石》以质朴的语言描绘了家乡的一幅幅生动的画面：秋凉在即，人们精心挑选平整方正的石头摆放在小溪中，几番精心踩踏；急着赶路的老人，发现搭石不稳，及时调整，满意才肯离去；一行人走搭石，动作协调有致，声音嗒嗒，清波漾漾，人影绰绰，充满了诗情画意；如果两个人同时过溪，招手礼让，闲话家常；若是谁偶遇老人，蹲身下伏，背负过溪……这一块块普通的“搭石”真正美在它象征的乡亲们那无私奉献的精神和一心为他人着想的传统美德。巴金的《鸟的天堂》，用极其简单的文字记叙了他和朋友两次经过“鸟的天堂”的不同见闻及感受，那棵茂盛、庞大的榕树让人们领略到了南国的树的美，那应接不暇的鸟让人感受到“鸟的天堂”的独特魅力，文章字里行间蕴含着作者对大自然中这种生命现象的热爱和赞美，阅读时我们要用心体会作者于语言文字中含蓄地展现的人与自然的和谐相处之美。

3. 品味语言的意境之美

王国维先生在《人间词话》序中说，“文学之事，其内足以摅己，而外足以感人者，意与境二者而已。”这里的“意”即作品所表现出来的作者的思想感情，而“境”即文艺作品所写的景物、环境。王国维认为：“境非独谓景物也，喜怒哀乐亦人心中之一境界。故能写真感情者，谓之有境界。”作者只有把“情”与“景”两者统一起来，才能构成文艺作品的境界。小学阶段的选文虽多以简单、质朴的文章为主，但也不乏许多古今中外的名家名作。许多名家的作品带有鲜明的个人风格，文字中充满了独特的意境美。从古代诗人作品来看，李白浪漫、杜甫沉郁、王维清新、陆游豪放……从现当代作家作品来看，冰心清丽柔和、老舍幽默风趣、郭沫若气势浩荡又清丽缠绵……在小学语文教学中渗透意境美能有效培育学生的审美能力，加强学生对名家名篇的阅读感受能力，强化学生的语言阅读理解能力，使其更好地理解文字背后作者想要表述的美学意境，进而拓展语文教学的维度，收获更好的教学效果。

在平时的课堂中，由于受应试教育的影响，不少教师忽略了学生对作品意境美的赏析与感悟，这在一定程度上影响了学生上初中以后的后续语文学习中的审美能力和阅读能力的提升。“智美语文”主张小学语文教师要根据课文的文本特点和作家写作风格适时引导学生体会与感悟文章的意境美，让学生自然地进入作者的文字世界和精神世界，与之产生共鸣，感受文章的意境美。如读《山居秋暝》，体会古诗中那清新淡远、自然脱俗的意境；读《枫桥夜泊》，体会古诗中那孤寂朦胧、清冷幽静的意境；读《肥皂泡》，体会文章中那晶莹清丽、轻柔隽逸的意境；读《天窗》，体会文章中那气势浩荡又清丽婉约的意境……

（三）“智美语文”指向体会情感的美

文以载道，言为心声，思想感情是一篇文章的灵魂，也是读懂一篇文章的精髓所在。阅读一篇文章，不仅要了解文章的主要内容，还要明白作者的写作目的，从字里行间体会文章表达的思想感情。小学阶段教材的选文大都文质兼美、情感丰满，有利于引发学生产生情感共鸣，使学生获得情感上的熏陶与感染。统编版语文教材在四年级下册、五年级上册及五年级下册的五个单元中分别以“体会文章表达的思想感情”为语文要素对这一目标进行了落实，足以看出统编版教材对这项阅读能力的重视。“智美语文”课堂主张教学时教师要运用多种方法引导学生明文章之意，悟文章之情。

下面笔者就以《祖父的园子》一文的教学为例，来谈一谈教学中如何运用多种方法引导学生体会文章表达的情感之美。

1. 想象画面体会景中之情

《祖父的园子》以直白质朴的语言展现了萧红在祖父园子中的自由与快乐，其中描写园中景物的第13自然段具有独特的构图美和强烈的色彩感，语言浅显但不单调，载满了诗情画意和童趣快乐，堪称经典。阅读本段时，教师可以通过想象画面的方法指导学生感受园中景物的生机勃勃和自在悠闲，体会文中"一切都活了，要做什么，就做什么。要怎么样，就怎么样，都是自由的"这句话所描绘的园中景象，读出园中景物的快乐美好和自在悠闲，从而进一步体会作者蕴藏在这些景物之中的自由之情。当学生交流到这段文字中描写蝴蝶的句子时，教师可以相机引导学生：读着这个句子你仿佛看到了怎样的画面？学生描述：仿佛看到阳光下，小蝴蝶们扇动着色彩斑斓的双翅，有的停在花朵上屏息凝神；有的在花丛间轻盈地飞逐，一会儿飞来一对黄蝴蝶，一会儿飞走一只白蝴蝶……这是一幅幅多么美、多么快乐的画面呀！通过想象园中景物的画面，学生不仅能想象到园中景物的自在悠闲，也能感受到作者在园中的自由快乐和无拘无束。

2. 品读场景感受事中之情

在文章中出现的一个个有时间地点、有人物、有活动的画面，就是场景。阅读文章时，通过关注作者描写的场景，可以真切地体会作者蕴藏在其中的真情实感。

如教学《祖父的园子》时可以引导学生重点读一读课文中作者描写的"我"和祖父铲地的这个场景，"其实哪里是铲，不过是伏在地上，用锄头乱钩一阵""往往是把谷穗当做野草割掉，把狗尾草当做谷穗留着"，劳动的兴趣、玩耍的乐趣、胡闹的真趣一览无遗，读之，不仅会被这个"小调皮"逗得忍俊不禁，也会被祖父的慈爱深深地打动，从而体会到小萧红之所以能在园子里这样无拘无束，随意地瞎胡闹，全是因为祖父对她那份浓浓的爱。也正是因为有了祖父的爱，小萧红才能在园子里每天都这样的自由、开心和快乐……文章中的场景描写往往都是作者精心的设置和安排，阅读时要注意引导学生体会文章场景和细节中蕴含的感情。

3. 关注语言感悟言外之情

阅读时学会关注作家的语言特色，可以帮助学生更好地体会文字背后的情感，读出作者的言外之情。萧红的语言独特、平实、鲜活、有个性，她那叙事的诗化特点、别致的言语韵味、独特的言语风格，令人陶醉。在教学中，教师要始终抓住"语言"这个阅读教学的关键，以"读"为语言学习的主要行为，引导学生品味、感悟、思考、探究，自主地发现文字所传达出来的情感，感受萧红这种几乎不加修饰的原生态的语言之美，关注作家的语言特色，体会作者语言的视觉美、听觉美和画面美，感悟作者在看似平淡的、简单的、重复的语言背后的浓浓真情。如还是教学《祖父的园子》描写景物的第13自然段，在引导学生通过想象画面感受了园中景物的自由后，教师可以进一步引导学生观察发现作者在写这些景物时有什么特点。学生不难发现这个自然段中短短的几句话就用了五次“愿意……就……”，那么作者这样写会不会太重复、太啰唆？教师相机出示自己修改的句子：“倭瓜长蔓了，有的沿着花架往上攀，有的一直爬到了房顶。黄瓜有的开花了，有的结瓜了，这儿一朵，那儿一个。玉米也伸展着腰肢，向着天空微笑。”学生通过对比阅读不难发现原文更能突出植物的自由，语言也更生动、更有趣，从而发现原来在萧红这些看似平淡和重复的语言中竟然藏着她那么强烈的感情，这正如赵园先生对萧红语言的评价：“单调而又重复使用的句型，同义反复、近于通常认为的废话，然而你惊异地感到情调正在其中。”

4. 补充资料体味文外之情

阅读时通过补充与作品及作者有关的资料，可以帮助学生进一步丰富对课文内容的认识，进而更加深入地体会课文表达的思想感情。“一篇叙事诗，一幅多彩的风土画，一串凄婉的歌谣。”这是大作家茅盾对《呼兰河传》这部作品的评价，阅读时学生如果只是抓住《祖父的园子》这篇课文来读，体会到文章表达的感情是自由，是快乐，是祖父对小萧红的关爱，这是远远不够的。教师还应通过补充丰富的资料引领学生结合作者的生活体验了解文本隐含的深层情感，进而去丰富学生的情感体验。如在阅读“我”与祖父在园子里的场景时，教师可以补充《呼兰河传》中描写祖母和祖父的其他文字资料，让学生充分体会到作者萧红童年经历的坎坷困难，祖母和父亲给她留下的是悲凉与孤独，而只有祖父的庇护和关爱才让她感受到家的温暖。又如学生在阅读完第13自然段体会到作者在园中的自由和快乐后，教师可以相机补充原著资料并提示学生：同样是像这样平淡的、有些重复的语言，同样是园子里的这些景物，在《呼兰河传》这部小说的尾声部分，又一次出现了。请同学们静静地读一读这段文字，此时你从这些景物中体会到的还仅仅只是自由和快乐吗？学生不难体会到这些看似自由快乐的文字背后其实还藏着作者对这座园子、对祖父深深的怀念之情。在课堂的最后，教师也可以通过播放微课的方式向学生补充作家萧红一生的坎坷经历，补充《呼兰河传》这部小说的写作背景，从而激发学生阅读《呼兰河传》整本书的兴趣。

刘勰在《文心雕龙·情采》中提到"为情而造文"，即人们先有了某种感触、认识，再去写诗作文，用语言文字表达出来，这样的作品才能打动人心。义务教育阶段的语文课程，既要引导学生丰富语言积累、培养语感、发展思维，还应通过优秀文化的熏陶感染，促进学生和谐发展，使他们提高思想道德修养和审美情趣，逐步形成良好的个性和健全的人格。学会"体会文章表达的情感"既能有效提高学生对文本的理解和感悟能力，达成"语言建构与运用""思维发展与提升"的学科核心素养的形成，也能有效提升学生对文本的体验与欣赏，促进学生审美能力的形成和优秀文化的传承。

总之，"体会文章表达的情感"是小学生要掌握的一项重要的阅读能力，教学时教师要关注统编教材中这项阅读要素的序列性，注意方法指导的由浅入深和循序渐进；要关注单元选文与阅读方法指导的关联性，最大限度地发挥这些经典文章的工具性作用和情感熏陶作用；同时还要对教材中这些具体方法的指导有一个宏观的认识，教学时力求做到每个单元方法指导上的前后衔接以及文本本身和文外资料的互补与拓展，运用多种方法引导学生体会作者寄寓在作品中人、事、景、物上的具体情感，真正让文字背后的情感走进学生内心，丰富学生的情感体验，体会文章的情感之美。

（四）"智美语文"指向传承文化的美

传统文化包罗万象，包括文学、书画，也包括音乐、建筑，还有民俗、节日等，它们是中华民族发展进程中产生的精神文化的总和，语言文字在弘扬传统文化、传承文化之美方面有诸多优势，是最好的载体。"智美语文"课堂主张教师要优化每一个教学环节，让语文课堂充满人文美和文化美，通过教师的引导和渲染让学生更好地感受传统文化的魅力，提升学生的审美能力和文化涵养。

以文学美为例。教材中选编的文章是既横跨古今中外，又汇集各种不同体裁的名篇名作，学生在学用语言文字的同时也能真切感受不同年代、不同国度的行文结构美和语言风格美。

例如，美国作家马克·吐温的《威尼斯的小艇》，以小见大，以约见丰，一篇短短的文字就将威尼斯最具特色的动静之美带到了读者面前，带到了读者的心里，将它最突出的特点生动地表现了出来，这就是马克·吐温文学作品的魅力。又如俄国著名作家列夫·托尔斯泰的短篇小说《穷人》，通过细致入微的描写，塑造了虽然生活窘困，但仍旧保持淳朴善良与美好心灵的人物形象，文章对人物的心理描写非常细腻生动，有效彰显了托尔斯泰擅长深刻细致的心理描写的文学作品特点，学生既可以从中体会困境之中的人性之美，也可以品读感受通过心理描写手法来创造人物和作品的文学美。

以书画美为例。中国书法及中国画在我国的民族文化中占据着核心位置，千百年来被不断地继承和发扬，是中华民族的优秀文化瑰宝之一。中国书画在发展过程中，逐步形成了一个完整的、独立的艺术体系，能够带给人一种意境美和音乐美，使人在了解画的同时也能提升审美能力。但是书画的魅力之处不应仅仅局限于它的技法，更重要的是传承它的内在精神。正如中国书画体现了中国人特有的简练、恬静、含蓄的审美情趣，也传达着书画家们的内在品格。小学语文统编版教材也有许多以展现“书画艺术”为主题的文章，教学时教师既要通过引导学生品读语言文字感受这些书画的精妙之处，也要去体会和感受书画家蕴藏于作品中的内在精神。如学习王冕的题画诗《墨梅》，学生在诵读古诗的同时，教师可以引导学生欣赏王羲之的书法作品和王冕的国画作品，体会作者为什么要自号“梅花屋主”，以及他蕴含在诗中和画中的那鄙薄流俗、独善其身、不求功勋的品格。又如学习《一幅名扬中外的画》一课，这篇课文描写的是中国十大传世名画之一《清明上河图》，学生通过文字描述能深刻地感受到画中描绘的那八九百年前北宋都城汴京的热闹场面，除此以外，教师可以结合画家“大手笔与精细的手笔相结合”的技法，感受中国国画的高超技艺，传承书画文化的美。

以音乐美为例。在人类文明发展史上，音乐始终占有重要地位。经典音乐中往往包含着这个国家的民族精神和文化沉淀，尤其是中国传统音乐极具古典气息，具有丰富的诗、书、礼、乐内涵，也寄托了一种文化的情思，其所涵盖的情感以及表达的精神往往就是民族的思想与灵魂，教学有关音乐美的文章时教师要通过语言文字适时地加强学生对传统音乐的欣赏与鉴赏能力，传承传统文化中的音乐美。如教学《伯牙鼓琴》，文章主要讲了伯牙与钟子期“高山流水遇知音"的故事，借"伯牙绝弦"表达了两人的深厚友情，也阐述了重情重义的道理。现在的琴曲《高山》《流水》和《水仙操》都是传说中伯牙的作品，教师在指导学生阅读赏析文章感受伯牙与钟子期之间深厚情谊的同时，也可以让学生欣赏《高山》《流水》等古琴曲，感受中国民族音乐独特的美感和气质，传承音乐之美。

以建筑美为例。伟大的建筑往往以修建历史为基点，彰显着时代文化特征，许多经过了上百年的洗礼，魅力依旧。因此古建筑的传承，传承的不只是建筑本身，也是一个国家、一个民族的历史文化。小学语文教材中也有许多关于中国古代建筑文化的文章，如《赵州桥》一文就介绍了距今1300多年前隋朝时建造的石拱桥——赵州桥，通过学习课文学生可以深刻地感受到我国古代劳动人民的智慧和才干，由此教师也可以拓展延伸我国古代四大名桥河北赵州桥、北京卢沟桥、福建洛阳桥和广东湘子桥的相关文献图片资料，继续深化感受古代建筑艺术，当然也可以补充现当代建造的桥梁如钱塘江大桥、港珠澳大桥等建造艺术，在古今对比中感受中国建筑艺术的继承与发展，感受和传承建筑文化的美。

还有通过语言文字进行民俗美、节日美等的传承。如统编版语文教材三年级下册就以古代节日为主题编排了《元日》《清明》《九月九日忆山东兄弟》三首古诗，教学时教师通过品读诗句、补充资料等方法让学生了解传统节日中一些有趣的民俗，如春节喝"屠苏酒"，重阳节"插茱萸"等，让学生在品读与感悟中走进中华传统民俗，传承传统节日之美。

正如诗人余光中先生所说："中文之美，不仅美在形体，更美在风骨，美在精髓，以至其任何一块肌肉的肥瘠，任何一块文脉的走势，任何一种表情的意蕴，任何一袭衣袂的摆动，都如巧夺了天工一般，增之则长，减之则短。"语文学科中的美博大精深，丰富多彩。如汉语的文字之美、情节之美、人物之美、性格之美、情感之美、人情之美、景物之美，又如文章的结构之美、诵读之美、音韵之美……凡此种种，不一而足。语文教育要通过富有文化内涵、文化品位的文本作品来积淀知识、历练能力、涵养语言智慧，蕴造美感、提升审美品位。

总之，语文课既要有理性的质朴，又要有诗意的激情，而"智美语文"正是“智”与“美”的有机融合，它从语文课程“工具性与人文性统一”的基本特点出发，着眼于学生的全面发展，通过创设学习的情境，诱发学习的兴趣，在“美的刺激”中激活思维，在“美的感悟”中发散思维，在“美的创造”中拓展思维，是感性与理性的交织，是智力因素与非智力因素的谐振，为学生的全面发展和终身发展打下基础。

"智美语文"的阅读教学策略

阅读教学是提升学生思维品质和审美素养的重要途径，教师要在阅读教学的各个环节优化教学策略，实现"智"与"美"的和谐统一，让学生获得思维与情感的双重提升。

一、"因趣生美"的课前导入法

好的开头是成功的一半，在整个教学中，精彩的导入起着从生活到课堂、从旧知识到新知识的桥梁作用，起着诱发学生学习新知识的兴趣和激情的作用，是阅读教学中一个不可忽视的重要环节。常见的课堂导入的方法有很多种，如谈话导入、游戏导入、情境导入等，但是无论采用哪种导入方法都要注意既要有效激发学生的学习兴趣，又不能因为一味地追求"热闹"而忽视语文的学科性质，教师要有统揽全局的视角，从提升思维和提高审美的角度精选素材、优化内容，为接下来的课堂教学定基调、做铺垫。

(一) 有效导入的意义与作用

1. 有效的导入能引起学生注意，迅速集中思维，激发学生自觉探求知识的兴趣

兴趣是直接推动学生参与学习活动的心理动因。有效的导入能使学生情绪高涨，脑细胞活动迅速，神经处于兴奋状态，有效激发学生的学习兴趣。学生的学习热情高涨，注意力得到高度集中，感知力、理解力和创新力都处于最佳发挥状态，就能主动参与到新课的学习中，并获得良好的学习效果。

2. 有效的导入能为课堂教学创造和谐融洽的学习空间，激活学生思维

充满个性魅力和艺术情趣的课堂导入，能够创造和谐融洽的学习空间，有效拉近教师与学生之间的距离，使学生对教师产生亲近感和信任感，从而有效激发学生的课堂参与积极性，有效激活学生的创新思维。

3. 有效的导入能传承语文学科的人文性，提升学生的审美能力

语文教师在课堂中的艺术导入，能让学生感受到文学的动人，感受到文化的人文熏陶，潜移默化地提升学生的审美情趣，使学生获得初步的语文鉴赏能力，树立正确的人生观、价值观，在艺术熏陶中去欣赏、去感受语文学习的魅力，体会学习语文的快乐。这种影响是长久的，甚至会影响学生的一生。

4. 有效的导入能为学习铺设桥梁，衔接新旧知识

教师在导入环节要巧妙地通过各种有效的导入技能，利用新旧知识之间的逻辑关系，巧妙地铺设桥梁，衔接新知识与旧知识，使学生既复习了旧知识，又了解了新课的教学意图，为新知识的学习做好铺垫。

总之，有效而艺术的导入设计根植于教师科学的教育理念、深厚的文化底蕴和扎实的日常教学功底。只有优化导入方法，才能激活整个课堂，激发学生的语文学习热情，使语文课被学生喜欢，使语文学科教学焕发出生命力。

然而，从实际语文课堂教学来看，许多教师缺乏导入的技巧与方法，有的只是走个过场，一笔带过，不能有效发挥导入环节在课堂教学中的作用；有的又设计得过于烦琐和复杂，大有喧宾夺主之势；有的只追求形式上的热热闹闹，对学生语文素养和语文学习能力的提升却毫无裨益。

（二）导入环节中让思维与审美兼得的方法

基于课堂导入环节中存在的问题，“智美语文”课堂主张通过优化导入技巧与方法，使学生在语言文化的浸润中点燃语文思维，让语文课堂充满魅力。下面笔者就以几种常见的导入方式为例，谈一谈如何在导入环节中让思维与审美比翼齐飞。

1. 游戏导入法

游戏导入法是小学语文课堂常用的一种导入方法。游戏导入能够活跃课堂气氛，使小学生积极参与到教学活动中，在丰富多彩的游戏中感受语文并喜欢上语文，从而达到玩与学相结合的目的。但是，语文课堂导入环节中的游戏设计应区别于学生生活中的一般游戏，应紧扣教学主题在和谐有序和优美的文化氛围中引导学生积极思考、主动参与，体现出语文自身的规律，而不应以热闹和玩耍为主要目的。

游戏导入的方法很多，以常用的猜谜法为例。我们看到很多老师在用猜谜法导入时一般就是出示一个比较简单的谜语，让学生读一读，然后学生不假思索地说出答案，教师趁机引出课题，完成导入。这样的猜谜导入仔细斟酌一下，不难发现只是走了一个游戏导入的流程，在学生已经预习的前提下指向课题的过于简单的猜谜，对于调动学生的思维，感受谜语中蕴含的文化内涵是毫无作用的。因此在用猜谜这种游戏导入法时，我们要进行巧妙的设计。

以统编版语文二年级上册《雾在哪里》为例，我们来看两位老师进行的猜谜游戏导入设计。

教师甲：同学们好，今天学习新课之前老师想先请大家来猜一个谜语（课件出示谜面：像云不是云，像烟不是烟。风吹轻轻飘，日出慢慢散），大家都猜到了吗？对，就是雾！今天我们就一起来学习一篇与雾有关的课文，请大家齐读课题！

教师乙：同学们好，今天老师给大家带来了一个好朋友，想认识它吗？（学生纷纷点头，教师拿出一颗小水珠的卡通图片）老师手里的这颗小水珠可不是一颗普通的小水珠，它充满了神奇的力量，会千变万化，你相信吗？（学生纷纷瞪起了好奇的眼睛，课件出示谜面：小小白花天上栽，一夜北风花盛开。六个瓣，飘呀飘呀落下来）谁猜出它变成什么啦？（学生纷纷举手回答"雪花"）同学们可真聪明，小水珠继续变啦，看，它又变成了什么？（课件出示谜面：我是一个小硬球，我从天上打下来。学生纷纷回答"变成了冰雹"）小水珠还会变呢，看，它还变成了什么？（课件出示谜面：像云不是云，像烟不是烟。风吹轻轻飘，日出慢慢散。学生思考回答："变成了雾"，教师课件出示"雪、雹、雾"三个汉字）这三个字都与天气有关，今天我们就来学习与"雾"有关的一个有趣的故事！

对比以上两种猜谜导入方法，教师甲只是通过一个相对较简单的谜语导入，整个导入环节意义不大；而教师乙在用猜谜导入时巧妙地利用了水的变化的科学知识，连用三个与天气有关的谜语层层推进，既有效激活了学生的思维，激发起学生的学习兴趣，也为课堂最后揭示雾的形成做了铺垫，这样的导入可谓匠心独运、别出心裁。

游戏导入除了猜谜之外，教师还可以选择其他一些能活跃气氛的小游戏，如对对联、古诗接龙等，当然也可以组织一些互动小游戏，但游戏宜是以语文学习内容为主的益智类游戏，不宜组织一些活动较为剧烈的体力游戏，这样既破坏了语文课堂的文化氛围，也脱离了课堂教学内容。

下面再以《祖父的园子》一课为例，说一说游戏导入的设计方法。《祖父的园子》是部编版语文五年级下册第一单元的一篇课文。该文选自萧红的自传体小说《呼兰河传》。学生在三年级下册学习过选自《呼兰河传》的萧红的文章《火烧云》，对“萧红”这个名字可能并不陌生，但是中年级对名家名著的关注度较低，到了五年级应进一步加深学生对作家的认识与了解，激发学生阅读名家名著的兴趣，因此在导入环节笔者设计了“看书名猜作家”的小游戏，导入以学生认识的现当代著名女作家为切入点让学生看着书名猜一猜作家。首先出示的是书名《小橘灯》，学生不难猜到是他们熟悉的作家冰心；然后又出示书名《城南旧事》，读过这本书的同学都知道作者是林海音；最后再出示书名《呼兰河传》，在学生答出作者是萧红时，教师可以相机补充萧红的资料：“萧红也是中国近现代史上一位著名的女作家，《呼兰河传》是她的代表作。”通过这样一个简短而有趣的游戏，既带领学生重温了之前读过的名家名著和认识的著名作家，也巧妙地引出了新知。

总之，语文课堂中游戏导入的重点不是“游戏”，而是通过这个小游戏迅速调动起学生的学习兴趣，打开学生的思维，进入语言文字的学习天地。

2. 古诗词导入法

古诗词是中华传统文化的瑰宝，其具有优美的形式、精练的语言和深邃的内涵。在导入环节诵读古诗词既可以为课堂营造浓厚的文化氛围，又能让学生通过诗词的韵律得到美的享受，从而不知不觉产生灵感，因此通过古诗词来巧妙地导入课堂大有裨益。

在日常教学中，通过古诗词导入也是一种常见的导入方法，但是我们不难发现，很多老师通过古诗词导入无非就是找几句同题材的诗词让学生读一读，然后借机进入新课。这样的导入，学生对教师所选古诗词的印象和感受如同蜻蜓点水，基本没有起到多少学习的作用。因此在通过古诗词进行导入时，教师要从启发学生思维、感受古诗词文化韵味美的角度精心设计、巧妙启发。

以统编版语文三年级上册《荷花》为例，我们来看两位老师进行的古诗词导入设计。

教师甲：同学们，学习新课之前老师先来请大家读几句古诗。（课件出示古诗："小荷才露尖尖角，早有蜻蜓立上头。""接天莲叶无穷碧，映日荷花别样红。"）大家发现这两句古诗都是描写什么的？（生纷纷回答"荷花"）自古以来，这婀娜多姿的荷花就特别受文人的喜欢，并为它写了不少的诗、文。今天我们就一起来学习叶圣陶先生的一篇描写荷花的文章，它的题目就叫《荷花》。（生齐读课题）

教师乙：同学们，从这张图片上你们看到了什么？（生纷纷回答"荷花"）一提到"荷花"，你们想到了哪些赞美荷花的诗句？（一生答"小荷才露尖尖角，早有蜻蜓立上头"）是啊，这是含苞待放的荷花，多美的画面啊！谁还想到了其他描写荷花的诗句？（一生答"接天莲叶无穷碧，映日荷花别样红"）是啊，这是怒放争艳的荷花，让人惊叹！同学们，古人用诗句记录下了荷花不同姿态的美，而现代著名作家叶圣陶先生也用极其生动优美的文章描绘了一幅"荷花图"，今天就让我们一起跟随他的文字再去细细地品一品这荷花的美。（生齐读课题）

对比以上两种古诗导入教学过程，教师甲采用的就是通过罗列同题材古诗进行导入的方法，整个导入环节看上去虽然加入了传统文化的元素，但是意义和作用却不大，只是在主题上与文章发生了联系，没有与后面的课堂教学内容发生深度关联。再来看教师乙的古诗导入过程，首先教师把直接出示古诗调整为让学生看图回忆联想，这就有效调动了学生的思维，激活了学生的想象力；然后在学生诵读古诗后教师通过点评引导学生关注到第一句古诗描写的是荷花含苞待放时的姿态美，第二句古诗描写的是荷花怒放争艳时的姿态美，这就为下面课堂学生通过品读文字感受叶圣陶先生笔下荷花不同的姿态美巧妙地做好铺垫，将古诗文化中的古典美与现代散文文化中的现代美有机地结合在了一起，可谓设计巧妙。

再以统编版语文二年级下册《画家和牧童》一课的课堂导入为例，首先请学生看图片猜古诗，教师先出示《清明》的古诗配图，学生不难从图片上那个手指指向远方的小牧童猜出答案，教师借机让学生通过图片了解“牧童”就是放牧的小孩；然后通过观察图片复习古诗《所见》，体会牧童“顽皮可爱”的形象；最后通过袁枚的《题画》加深学生对牧童的印象，引出课题“画家和牧童”。在这个借助古诗词导入的教学片段中，我们可以看到教师并没有简单地堆砌有关牧童的古诗，而是通过“观察图片猜古诗”的方法引导学生一步步走进牧童的形象，通过观察图片和诵读古诗，学生不仅了解了牧童的工作就是天天与牛在一起，也体会到他们那天真可爱的形象特点，为学生接下来走进课文，体会文中那个小牧童不随波逐流、敢于提出自己意见和看法的品质做好了铺垫。

由此可见，在通过古诗词导入时，我们要多从启发学生思维和传承传统文化的角度，对所选古诗词进行开发和整合，才能更好地发挥它们在教学中的作用。

3. 人物资料导入法

通过补充文章作者的资料或者是补充与文章主人公有关的人物资料导入新课也是一种有效的导入方法。但是在补充资料时尽量不要仅仅找一段话让学生读一读，这样既枯燥无味，又不利于激发学生的学习兴趣，也不利于启发学生的语文思维能力。在通过人物资料导入时，教师要对所选材料进行提炼加工，让学生在饶有兴趣的学习氛围中走进人物，初识人物。

如教学统编版语文四年级上册《那片绿绿的爬山虎》一课，文章主要借两件小事赞美了大文学家叶圣陶先生那“认真、平和以及温暖”的品质，学生对作家叶圣陶可能比较陌生，教学时教师可以在阅读品悟时穿插补充叶圣陶先生的资料以帮助学生更好地理解感受叶老的精神品质，那么在课堂导入时，教师精选了叶老先生的三句名言导入新课，请看以下课堂实录。

师：同学们，你们平时喜欢读名人名言吗？

生：（纷纷点头）喜欢！

师：今天学习新课之前老师先请大家来读几句名言。

（课件出示叶圣陶先生的三句名言：“品德教育重在实做，不在于能说会道。”“文当然要作的，但是要紧的在乎做人。”“或说写似技能而非技能，实际是其人的表现。”）

师：大家发现这几句名言有什么共同点吗?

生：都强调要注重做人的品德。

师：是啊，其实这几句名言都出自同一个人，他就是我国著名的教育家、文学家——叶圣陶爷爷。

师：我们之前学过叶圣陶爷爷写的文章《爬山虎的脚》和《记金华的双龙洞》，但是今天我们要学习的这篇课文，不是叶圣陶先生写的，而是作家肖复兴在1992年回忆30年前与叶圣陶爷爷相识的故事。那叶圣陶爷爷为什么如此重视品德教育？他自己又是怎么做的呢？今天就让我们一起走进课文《那片绿绿的爬山虎》。

课堂开始借助三句短小的人物名言而非补充大段的人物资料，有利于降低学生的学习难度，思考式的朗读而非“填鸭式”的灌输有利于活跃学生的思维，同时短小却意味深长的名人名言也有利于丰富学生的人文内涵，提升学生的文化品味。

又如教学统编版语文五年级下册《青山处处埋忠骨》一课，五年级的学生对毛泽东主席的生平已经有了一定的了解，因此通过人物导入可不必再补充大段的人物资料，而是巧妙地利用毛泽东在青年和晚年时的两首诗使课堂开头和结尾形成巧妙的呼应。课堂伊始，可以出示毛泽东17岁时写的诗《呈父亲》：“孩儿立志出乡关，学不成名誓不还。埋骨何须桑梓地，人生无处不青山。”教师向学生介绍这首诗的写作背景，那一年，毛泽东17岁，外出求学时，他在父亲的账本上题了这首诗，小小年纪就写得如此大气磅礴。课堂结尾，教师出示毛岸英在抗美援朝战争中光荣牺牲，毛泽东惊悉爱子牺牲的噩耗后在极度痛苦的心情下写出的诗句“青山处处埋忠骨，何须马革裹尸还”，以此帮助学生体会毛泽东那超人的胸怀。

由此我们看到，在通过人物资料导入时，尽量避免简单粗暴地满满一屏幕呈现给学生，有时候精选的寥寥数语反而更能直击人心，激起涟漪。

二、“形意兼美”的生字教学法

（一）识字教学

生字的认读和词语的理解也是阅读教学中的重要一环。汉字之所以能承载中国文化，关键在于它既形象又富于理性，一个汉字的背后，可能躲藏着一个世界，因此教学时我们不仅要运用一些常见的识字方法如加一加、减一减、换一换等，更应该从汉字的字理出发，让学生领略汉字的文化内涵，体会学习汉字的乐趣。

“智美语文”课堂主张识字教学要精选课文中具有文化意义的汉字，通过字理识字的方法来引导学生感受汉字文化，发展形象思维，提升审美能力。

在用字理识字方法进行教学时，教师可先出示字的原始图形，与学生一起发现图形与字义的联系；然后请学生观察由图到字的演变过程，从而分析图形与字形的联系；最后还要注意综合分析图形、字形与字义之间的关系，使学生借助汉字的演变了解所讲汉字的古今释义和所蕴含的文化意义。

由于课时限制，并不是每课所有的汉字都要通过字理识字的方法来进行教学，因此在用字理方法进行识字教学时应本着宜精不宜多的宗旨，一般以一个生字为主，当一个生字可以捎带上本课或本单元其他汉字时，也可以借助字理知识以“汉字群”的形式进行拓展和延伸。

如教学统编版语文一年级下册《操场上》一课时，课文里有一个学生比较难认读的词语是“锻炼”，教师可以引导学生思考：我们跳绳、踢毽子、丢沙包用的是手和脚，怎么“锻炼”两字一个是金字旁，一个是火字旁呢？这时候教师可以通过出示“锻”和“炼”的篆文（）让学生观察：这两个字其实最早指的是刀剑的锻造，古人做刀和剑，先用大火把金属熔化了，再把熔化了的金属倒在刀或剑的模子里，金属冷却成型后，再不断打击，这样才能做出好的刀或剑，所以“锻炼”在课文里就表示通过体育运动能使身体更加强壮，锻炼身体，就好像做宝剑，得千锤百炼才行。通过这样追溯汉字起源、渗透汉字文化的字理识字法，既可以帮助学生识记、理解重点字词，也可以提升学生的识字能力，培养学生热爱中华语言文字的情感，让学生在文化渗透中生动形象地记住汉字的音、形、义，彰显汉字形美以感目、意美以感心、音美以感耳的魅力。

又如教学统编版语文五年级上册《地震中的父与子》一课，理解“废墟”一词的含义至关重要，是学生体会这位父亲那无私与伟大父爱的关键。教学时可先通过图片让学生初步感受“废墟”的样子，然后通过字理识字的方法进一步体会“废墟”一词所蕴含的荒凉与破败。篆文由两部分组成，上部表示“简易的建筑”，下部表示“投枪发箭”，也就是表示用战争去摧毁建筑，因此“废”的本义就是用战争杀戮并摧毁房舍，由此教师可以引导学生想象这里摧毁房舍的虽不是战争，却是同样拥有更强大摧毁力的地震，那么那些房屋都变成了什么样？是啊，全部坍塌，一片狼藉。那“墟”字呢？教师出示金文“”，它的上部“”就是现在演变而成的虎字头，借指老虎，中间“”表示虎爪，而下部表示“土堆”。由此可见，“墟”字的本义就是指那些虎豹横行、了无人烟的地方，借此可以让学生想象文中洛杉矶遭受大地震就如同被虎豹侵袭后的地方一般荒凉。“废墟”就是指城市、村庄等遭受毁灭性破坏而变成的荒凉地方。这时教师可以再次出示地震后废墟的图片和以前教学楼的图片，通过鲜明的对比，体会父亲看到此时景象的绝望和悲痛。当学生沉浸在父亲的悲痛中时，教师借机抛出问题：他被眼前的景象吓倒了吗？放弃救援了吗？通过这样的提问，升华学生的认识，明白父亲没有像其他人一样因为绝望而放弃，而是坚定地向废墟走了过去，只因他和儿子这样约定。此时，教师出示课文语句：“跪在地上大哭了一阵后，他猛地想起自己常对儿子说的一句话：‘不论发生什么，我总会跟你在一起！’他坚定地站起身，向那片废墟走去。”通过个人读、齐读的方式指导学生朗读，引导学生以读促思，在读中感悟。

在这个字理识字教学片段中，教师紧紧抓住故事的起因，通过了解“废墟”的字理引导学生想象画面，感受父亲的绝望与悲痛，并由此升华对父亲坚定、伟大的认识，大大提升了对课文的整体感悟。

再来看两个借助字理知识以“汉字群”的形式进行拓展和延伸的教学案例。

《“贝”的故事》选自统编版语文二年级下册识字单元第三课。本单元以“传统文化”为人文主题，课文形式活泼、内容丰富，便于引导学生在不同的语境中识字学词，激发儿童的识字兴趣，感受中华优秀传统文化。教学时教师可先借助甲骨文给学生讲一讲“贝”字的起源，即甲骨文中的“贝”字画的就是贝类的两扇壳张开的样子。以此延伸人们觉得贝壳很漂亮便把它当作饰品用来佩戴，而后来人们还把贝壳当作钱币用来购买东西，教师可以相机出示“赚、赔、购、贫、货”这几个字请学生结合贝字旁的字义说一说这几个字的含义，同时也可以请学生课下继续收集积累与“贝”有关的汉字。

在低年级日常课堂教学中，虽然注重了学生独立识字能力的培养，但是容易忽略对学生识字兴趣的激发，识字效率低，再加上平时没有及时带领学生回头系统归类复习，导致在后期零散的生字复习过程中，耗时耗力，因此在学期末教师可以组织一些偏旁家族识字复习梳理课。如在二年级下学期期末就可以以“手”字为主题进行一次梳理总结。课堂伊始，教师可出示“手”字的字形演变让学生认一认；然后出示几组以它作偏旁的汉字，如“手”字在下有“拿、掌、拳”等字，“手”字在一旁，有“拜年”的“拜”字，“手”字在斜上方，有“看”字；再出示“手”字作偏旁时的变形——“扌”旁，复习学过的汉字“打、扫、拍、找”等。接着，教师可以继续拓展：除了“扌”旁，还有一个与手有关的偏旁，它就藏在我们认识的“举”字和“击”字中。学生通过观察不难发现两个汉字有共同的部分“𡗗”，它在下方叫作“横手底”，在上方叫作“横手头”，都与手部动作有关。另外，我们常见的带“爫”字头的汉字也多与手有关，如我们学过的“采”字。而“又”这个字与甲骨文中的手形相似，所以许多带“又”字的汉字也与手有关，如“取东西”的“取”字，“又”字随着演变有的变成了“攵”旁，如“放牧”的“牧”字就是用手牵着牛，放牛的意思……

通过这样的梳理总结，学生在举一反三中把一个个零散的汉字组成字串，有效地提升了识字效率，加强了学生对汉字演变规律的认识，加深了学生对汉字文化的理解与感受。

（二）写字教学

通过写字教学让学生了解汉字文化的演变历程，领略汉字线条的独特魅力，感受书法艺术的博大精深，有利于培养学生的爱国主义情感，激发学生写好汉字的兴趣。同时在汉字书写的过程中，还有利于学生从中体会美、发现美、形成美、升华美，体会汉字的优美，发挥书法教育的审美价值。总而言之，高效的写字教学可以陶冶学生情感，培养审美能力，增强对中华语言文字的热爱和文化的理解，既有利于写字技能的提高，又能优化学生的学习能力和学习方法，更有利于增进学识修养和人格修养。因此，智美语文主张在写字教学中既要注重写字技法的指导，又要注重汉字文化的传播与传承。

1. 写字技法的指导

在指导汉字书写时，首先要指导学生学会观察字形，整体观察，即观察每个字的结构特点，如上下结构、左右结构、半包围结构、全包围结构等；其次要注意观察笔画或部件的起始与收笔、位置、大小、宽窄、收缩、舒展、相让、穿插等；最后要注重局部观察，即观察每个笔画的姿态，如关键笔画的长短粗细、平斜曲直乃至笔画首尾的样子、中途转折的特点以及一般特点和灵活变化等，要做到了然于心。教师可以用“一看结构，二看位置，三看关键笔画”的小口诀指导学生学会观察字形，同时也可以总结一些朗朗上口的书写口诀来帮助学生记忆书写要点。

如指导书写生字“蛙”时，教师可以先指导学生观察这个字的结构、在田字格里的位置以及关键笔画的书写要点。学生不难发现“蛙”字是左右结构，左右两部分分别分布在竖中线的两侧，这个字在书写时的关键笔画是虫字旁的横要变提，左右要注意互相穿插，由此教师可以通过书写儿歌“左窄右宽，向中靠；左低右高，要记牢；长短注意，横变提；穿插避让，才美观”，指导学生记忆书写要点。

又如指导书写生字“翼”字，这个字是上中下结构，注意指导学生观察上部和中部书写要在横中线以上，“共”字在横中线以下，这个字的关键笔画是“共”字的第二横。学生通过观察不难发现为了让整个字书写得更美观，这一横要写得长一些，也就是主笔要伸展，由此教师可以通过书写儿歌“三个部分要写扁，主笔长横写伸展，长点拉长重心稳”，指导学生记忆书写要点。

再如指导书写生字“或”和“诚”时，它们有一个共同的关键笔画——斜钩，因此教师可以将两个生字放在一起让学生对比观察发现这两个字在书写时的关键笔画都是斜钩，通过书写儿歌“穿插避让写紧凑，斜钩舒展才好看”，指导学生记忆书写要点。

在指导书写技法时，我们也要注意：一是每课不要贪多，要结合学生的书写水平精选生字进行指导，争取做到一课一得；二是指导观察时要有步骤、有方法，不能囫囵吞枣、太过随意；三是书写口诀要自然简单、朗朗上口，不要让孩子读了不明所以，反而增加孩子的学习负担；四是要注意汉字书写时的归类与对比，相同部件相同写法的可以放在一起，相同部件不同写法的也要注意观察和区分。

2. 写字教学中汉字文化的传承和审美价值的提升

写字教学要致力于增强学生对中华语言文字的热爱和文化的理解，陶冶学生情感。汉字是古人“仰则观象于天，俯则观法于地，观鸟兽之文与地之宜，近取诸身，远取诸物”而发明的，体现了天人合一的思想。每个汉字都包含丰富的文化内涵。我们在教学中如果利用汉字的这个特点，不仅会让学生更形象有趣地掌握汉字，还会使他们对中华五千年文化有更深的理解。汉字与书法由表及里都展现了中国文化各个层面的精华，汉字独特的造型、汉字造字的理据、汉字漫长的发展历程都从各个方面表现了中国人独特的性格特征、思维方式、审美理想、伦理观念和民族精神。书法从其书写工具——文房四宝，到书法创作规律、创作过程，直到形成的艺术形象等，也都蕴含着一种丰富的文化内涵。教学中教师要有意识地渗透书写汉字背后代表的文化精神，激发学生对中华汉字的热爱，提升学生的审美能力。

写字教学要致力于优化学生的学习能力和学习方法，增进学识修养和人格修养。要想把字写好，就要求学生能全神贯注、屏气凝神，能脑、眼、手并用，认真观察字的结构，长期训练学生必定能养成沉着、冷静的性格。另外，写字时要求端姿正容，写方方正正中国字、做堂堂正正中国人。正确的书写姿势既有助于学生把字写端正，也有助于他们身体的健康发育。养成了良好的写字习惯，对学生其他知识的学习乃至一生的发展都是极有益处的。通过写字指导能够培养学生的胸怀和尊重他人的品格。比如，字的结构教学，很多字由于结体的要求，产生了需要变化的偏旁部首，有的字需要注意各部分的“大小”和“避让”，形成巧妙的顾盼与呼应，体现了谦让之美。

下面我们来看几个“智美语文”课堂写字教学的指导案例。

案例一：统编版语文二年级上册《称赞》生字书写指导

师：本课还有一个难写的生字“椅”，请同学们观察一下，我们该如何把这个字写正确、写美观？

生1：这个字是左右结构的字，我想提醒大家书写时要注意左窄右宽。

生2：我观察到木字旁最后一笔捺要变成点。

师：是啊，这两个同学观察得都特别仔细！同学们，中国自古就是礼仪之邦，素有互相谦让的好传统，汉字也是如此。同学们看，木字做部首时末笔捺变为——（生齐答）点，右部的"奇"也要写得瘦一点，两部分相互谦让，都让出一点地方给对方，整个字才显得挺拔美观。

师：另外，同学们再仔细观察，"可"的横笔要穿插到木字旁的点上面，这样左右两部分在互相谦让的同时又相互穿插，彼此和谐相处，使整个字看起来紧凑有生气。写字如此，做人更是这样，平时同学之间相互交往也要像书写汉字这样互相谦让、团结友爱。

（生纷纷点头）

师：下面就请同学们伸出手指跟老师一起来写一写"椅"字。

（教师边范写边提醒重点笔画的书写）

师：请同学们回忆一下我们学过的汉字还有哪些在书写时要注意互相谦让、相互穿插?

生1："株"。（教师范写"株"字）

生2："炸"。（教师范写"炸"字）

师：好，请同学们在课堂学习单"课堂收获"一栏把这三个字认真地各写一遍。

（学生练习书写，教师巡视指导）

师：写完的同学同桌之间互相交换评价一下。（出示书写评价表）

表1　书写评价表

书写认真	☆☆☆
左窄右宽	☆☆☆
左右穿插	☆☆☆

（同桌对照书写评价表互相交流评价）

师：好，交流评价完的同学都坐端正了，老师看到刚才大家书写得都特别认真，交流得也特别热烈，相信大家只要注意左右结构汉字的书写技巧，就一定能把这些汉字写美观。

案例二：《那片绿绿的爬山虎》生字书写指导

师：同学们看，本课有两个要求会写的带提手旁的汉字，谁来给大家读一读？

生：握、拂。

师：课前老师翻看预习单时发现许多同学这两个字书写得不美观，下面我们就一起来观察一下这两个汉字的书写。

生1：它们是左右结构的汉字，要注意左窄右宽。

生2：左右结构的汉字还要注意左右穿插。

师：是的，你们观察得都特别仔细！带提手旁的汉字我们在低年级就已经观察和总结过书写要点，大多数同学书写时都能有意识地做到“左窄右宽、左右穿插”。那么到了高年级，我们在书写像这样带提手旁笔画较多的汉字时，还要注意哪些呢？请同学们注意观察左右两部分的位置。

生3：我发现写“握”字时左右两部分下边齐平，而上边起笔时是左高右低。

生4：我发现写“拂”字时正好相反，它上边左右两部分起笔齐平，而下边是左低右高。

师：你们俩可真会观察！是的，同学们，当汉字笔画较多或者较复杂时，为了让书写更美观，我们要特别注意左右两部分起笔收笔的参差变化，有时整齐是一种美，但有时错落有致、犬牙交错，也是一种美。我们可以总结这样一个小书写口诀：

左窄右宽　左右穿插
上平下齐　参差有变

（出示书写口诀，教师范写生字）

师：下面请同学们在预习单“课堂收获”一栏，把这两个生字认真地各写两遍。

（学生练习书写，教师巡视指导）

师：写完的同学同桌之间互相交换评价一下。（出示书写评价表）

表2 书写评价表

书写认真、姿势端正	☆☆☆
左窄右宽、左右穿插	☆☆☆
上平下齐、参差有变	☆☆☆

（同桌对照书写评价表互相交流评价）

师：相信通过这样的仔细观察、细心总结，同学们一定能把汉字书写得更美观。

总之，从知识与技法层面上看，汉字教学关注的是学生能否准确地掌握汉字的字形、字音、字义和熟练的书写技能；但当汉字作为一种独特的文化现象和独特的审美对象时，语文教学则必须注重引导学生从情感上喜欢汉字，认识汉字蕴含的民族文化精神，还要引导学生从审美的角度去欣赏汉字、表现汉字，提高审美水平和获得艺术表现力。

三、"图中探美"的整体感知法

概括课文主要内容是概括能力最重要的体现形式，是小学中高年级学生要掌握的基本语文能力之一，也是中高年级阅读教学中不可或缺的一个环节。概括能力有很强的综合性，是提取信息、筛选信息和重组语言等思维能力的综合体现。思维对语言起着制约作用，语言能力和思维能力的发展应是同步的。因此在语文阅读教学中，我们可以利用思维导图帮助学生更好地和文本"对话"，整体感知文本大意，培养学生的聚合性思维。教学这个环节时，教师要根据文本特点，运用多种方法充分调动学生的思维能力，初步感受文章的结构美，激发学生阅读文章的兴趣。

但是许多教师往往把整体感知课文的指导重点放在了方法的规范和结果的呈现上，导致这个环节常常枯燥无味。把"整体感知文本，概括课文内容"作为机械环节来进行，一方面影响了学生阅读文章的兴趣，不利于学生感受文章的语言之美、文化之美、情感之美；另一方面也不利于学生思维能力的发展与提升，因此"智美语文"主张在教学这个环节时，教师可以根据文本特点，引入思维导图来充分调动学生的思维能力，激发学生阅读文章的兴趣。

思维导图的形式主要有树形图、鱼骨图、结构图以及表格等多种形式，教学时可以根据课文内容选择具体形式，也可以进行设计和创新，但要注意思维导图只是帮助学生更好更快地整体感知和理解课文大意的一个工具与媒介，不要设计得过于复杂和花哨，以免分散学生的学习注意力或是给学生增加学习负担。

如在学习统编版语文三年级下册《火烧云》一课时，学生整体感知文本思考作者围绕火烧云都写了哪些内容，教师就可以引导学生以“火烧云”为中心关键词来绘制思维导图。有的学生按照火烧云的特点找到了“颜色”“形状”等分支关键词，有的同学按照时间顺序找到了“开始”“变化”“结束”等分支关键词，这样寓教于乐的教学方式既直观又形象。一方面加深了学生对文本的认知与理解；另一方面也通过引导学生将抽象的文字用理性的方式来表达，提升了他们的思维能力，培养了他们良好的思维品质。

又如学习《肥皂泡》一课，在整体感知课文内容时，为了更好地激发学生阅读作品的兴趣，同时感受冰心先生行文结构的巧妙，教师采用填关键词绘制“肥皂泡”思维导图的方法让学生边阅读边梳理。学生提取段落关键词“做”（肥皂泡），“吹”（肥皂泡），“看”（肥皂泡），（由肥皂泡产生的）“想象”，通过四个关键词组成一个晶莹透亮的“肥皂泡”，教师紧扣文本语言特色，以诵读想象、绘制思维导图的形式，带领学生走进文本、融入文字，既在寓教于乐中提升了学生的思维能力，获得了思维的提升，也让学生初步感受了肥皂泡的美，在启发智慧中激发了兴趣、培养了美感。

四、“启智蕴美”的研读赏析法

研读文本是阅读教学的重点，萨特说过，阅读是一种被引导的创造，从语文学科“工具性”特点来看，学生在阅读中不应是消极地接受或索取内容，而应是主动地发现、构建甚至是创造；从语文学科“人文性”特点来看，阅读教学不应在学生心灵中植入文字符号的栅栏，而应是通过文字符号唤醒沉睡在学生心中的精神世界，获得文化的滋养和美感的熏陶。因此研读文本时无论是确定“教什么”还是“怎么教”，教师都要做到“智”与“美”的统一，既要引导学生学习语文知识、方法或技能，领悟文章的表达方法，又要将知识的学习、能力的提升置于语言文字美的情境中，不能一味地强调学习言语形式而忽视体味言语之美，也不能一味地追求情感熏陶而忽视知识的学习和思维的提升。

"智美语文"主张阅读赏析环节要通过阅读话题的构建引导学生开展从自主感悟到小组交流再到集体品读的学习过程，通过话题引导学生深度学习、启发思维，通过开展多种形式的学习方式引导学生开拓思维、交流提升，通过集体品读使学生置身于语言文字美的情境中提升阅读思维和审美能力。

先来看阅读话题的构建。在学生自主品悟文章时，教师要通过构建一个问题来引导学生展开阅读，我们把这个问题称为"阅读话题"。阅读话题的构建是研读赏析环节教学的关键，不能随意为之，要紧扣文章内容上的"关键点"，结合单元语文要素指向学生阅读思维能力的提升，让学生在品读语言文字中习得方法，获得知识及情感的熏陶。

构建阅读话题可以从多个角度进行思考，比如可以紧扣题眼，从文章的课题入手，这样可以使学生迅速抓住文章内容的重点，牵一发而动全身；也可以聚焦文章内容的重点，抓住文章里的关键词或关键句设计问题，让学生找到与文本对话的切入点，展开有效的对话；还可以抓住文章行文的重要线索，让学生在把握文章内容、了解作者写作思路的基础上深入阅读和品悟。另外，统编教材许多课文的课后题往往是针对单元语文要素和文章教学重点进行设计的，在构建阅读话题时可以进行参考和借鉴。

下面我们通过几种不同文体的教学案例来看一下如何构建高效的阅读话题。

(一）童话故事教学

童话故事就像一面神奇的镜子，像一个秘密花园的入口，每次开启，都会吸引读者千遍万遍地阅读，都能把读者带入美好的情境，让读者有深刻的情感体验。童话故事的主要特点就是"幻想神奇"，因此教学时，教师构建的话题也要紧紧围绕童话故事"神奇性"的特点，引导学生展开想象，获得语言智慧的滋养，感受文本的美妙，获得精神的滋养。

以原人教版小学语文四年级上册《巨人的花园》一课为例。《巨人的花园》是英国作家王尔德写的一篇童话故事，讲的是一个巨人看到孩子们在自己的花园里玩耍，很生气，于是他在花园周围筑起了围墙，将孩子们拒于墙外。

从此，花园里一片荒凉，春、夏、秋都不肯光临，只有冬天永远留在这里。一天，孩子们从墙洞爬进来，春天也就跟着孩子们来了，园里立刻变得生机勃勃。当他把孩子们再次赶出花园之后，花园又被冰雪覆盖了。后来，在一个小男孩的启发下，巨人醒悟了，随即拆除了围墙，花园成了孩子们的乐园，巨人生活在漂亮的花园和孩子们中间，感到无比的幸福。这篇童话告诉我们，能和大家一起分享的快乐才是真正的快乐。

此文的显著特点是运用对比的方法展开故事情节、揭示道理。文中有许多处进行了对比，如巨人砌墙与拆墙后花园情景的对比，巨人砌墙与拆墙后态度的对比、感觉的对比，正是在这些对比中，故事的情节变得跌宕起伏、神奇有趣，故事所揭示的道理也自然地显现出来。因此教学时，教师既要抓住文本故事上的“神奇性”，又要抓住写法上的“对比”技法让学生走进文本，想象画面，感受神奇，体会巨人在行动和心理上的变化，明白故事说明的道理，在悟读中初步体会童话故事在表达上的特点。

下面来看两名老师在教学本课时构建的阅读话题。教师甲构建的阅读话题是：“自读课文，找一找文中描写花园和巨人前后变化的句子读一读，想一想有什么发现。”教师乙构建的阅读话题是：“围绕着这位神奇的巨人，这座花园前后又发生了哪些神奇的事情？请同学们自读课文，边读边把那些能在头脑中浮现神奇画面的句子标画出来。”教师甲构建的话题侧重让学生从课文内容出发寻找自己的发现，阅读时既没有提示孩子自读时采用的方法，也没有针对阅读思维能力训练的设计，可以说是一个比较浅层次的阅读话题。教师乙构建的阅读话题聚焦童话故事的“神奇”特点，引导学生在对比的思维中发现花园前后发生的那些神奇的事情，并提示学生运用“想象画面”的方法去品读感悟。通过这样的前后对比品悟，学生不难从花园的变化中体会到巨人性格的变化，这样的阅读话题既指向阅读思维的提升训练，也有阅读方法的指导，可以说是从“内容”中来到“思维和方法”中去，有利于实现学生的深度学习。

（二）写人记事的记叙文

写人记事的记叙文在教材中占有一定比例，这类文章往往聚焦于某个人物或某件事，通过人物或事件来说明一个道理、赞扬一种品质，教学这类文章时要聚焦于人物描写方法和故事叙述方法，让学生通过作者匠心独运的描写方法来走进人物内心、感受人物品质，读懂故事内容、明白所讲道理。因此教学这类文章时，教师构建的话题也要紧紧围绕作者写人记事的方法，于文字中品细节，于文字中悟情感。

以原人教版小学语文四年级上册《那片绿绿的爬山虎》一课为例。《那片绿绿的爬山虎》是著名作家肖复兴在1992年为了纪念叶圣陶先生写的回忆文章，回忆了1963年叶圣陶先生给“我”批改作文，并请“我”到他家做客，使“我”受益匪浅的成长经历，赞颂了叶圣陶先生一丝不苟的文品和平易真诚的人品。文章的篇幅较长，其中含义深刻的句子比较多，教师要通过多种阅读方法来指导学生以读促情、以读促悟。

下面来看两名老师在教学本课时构建的阅读话题。教师甲构建的阅读话题是：“自读课文，分别找一找文中两部分中展现叶圣陶爷爷品质的句子，画出来并在旁边作批注。”教师乙构建的阅读话题是：“自读课文，找一找文中哪些句子能看出叶圣陶爷爷是一位人品与作品堪称楷模的大作家，抓住关键词在旁边写写自己的感受。”文章主要由两个事件组成，在引导学生自主感悟时，教师构建话题尽量还是以观照全文、整体感知为主，不宜划分得过于细碎，而集体品读时可以抓住这两部分的重点内容分别进行赏析品读，这样有利于加深学生印象，深刻感受叶老先生的精神和品质。另外，引导学生感悟人物的精神与品质要有具体的方法，教师乙提示学生“抓住关键词”批注自己的感受，这种阅读方法更具体，更便于学生从细微处体会人物的品质，避免了学生出现抓不住重点泛泛而谈的情况。

再以统编版语文五年级上册《父爱之舟》一课为例。《父爱之舟》是著名画家吴冠中先生的作品，它以回忆性散文的形式记录了父亲对儿子爱的几个场景，文章语言质朴，感情深沉而浓烈。本课课后第一题要求学生默读课文，说说“我”在梦中出现了哪些难忘的场景以及印象最深的场景，第二题要求学生体会课文为什么以“父爱之舟”为题，第三题要求学生体会文中两个含义较深的句子。细读品悟环节教师应紧紧围绕本单元语文要素“体会场景和细节中蕴含的感情”构建阅读话题，引导学生于场景和细节中品真情。

我们来看几位老师构建的阅读话题。教师甲：“自读课文想一想，从哪里看出这是一只载着父爱的小舟？画出相关的句子并在旁边批注感受。”教师乙：“自读课文，找一找你从文中哪些句子、哪些场景、哪些细节能看到父爱，画出来在旁边批注感受。”教师丙：“自读课文，找一找文中给你留下印象最深的场景或细节，抓住关键词句品读并批注自己的感受。”教师甲构建的话题从文章题目入手，但是没有明确指向“关注场景和细节”，不利于落实“从场景和细节中体会作者感情”的要素与方法；教师乙构建的话题从场景和细节入手，但是文章中作者描绘的场景较多，这样宽泛地去阅读，不利于学生抓住细节深度品悟；而教师丙构建的话题从学生印象最深的场景入手，有益于引导学生聚焦局部深入研读，“抓住关键词句品读”有利于学生从细节入手，深刻感悟字里行间的深厚父爱。

（三）写景类文章

写景也就是描绘景物，通过作者有条理的描写，让读者看到一幅幅优美的风景画；通过作者优美的语言文字，让读者获得美的享受。阅读此类文章要注意引导学生了解写景的顺序、学习写景的方法、感受景色的优美、体会文章的思想感情。

写景的文章一般有三类：一类是描写生活中见到的自然景象，如课文《火烧云》《四季之美》；另一类是写人们生活处所周围的景象，如课文《大青树下的小学》《搭船的鸟》；还有一类是游记，写的是作者在游览过程中所见的景物，如课文《记金华的双龙洞》《颐和园》。我们如果了解了写景文章的类别，阅读中就可以根据不同的特点，采取不同的阅读方法。当然，无论是哪类写景的文章，都不是单纯的为写景而写景，而是借助对景物的描写，通过比喻、夸张、拟人等方法来抒发自己的思想感情，或对大自然的赞美，或对生活的热爱，或对祖国秀丽山川的赞叹来感染读者，文章字里行间所流露的作者的思想感情往往就是这篇文章的中心。因此写景类文章在构建阅读话题时要聚焦作者写景的方法，引导学生在品读语言文字中获得美的熏陶、习得写景的方法。

以统编版语文四年级上册《四季之美》为例。这篇课文是日本作家清少纳言的作品，作者用简单却又充满韵味的语言描绘了四季各个季节不同的美景，营造出了别具一格的美的氛围，表达了作者对自然的热爱，对四季美景的喜爱。教学时，教师要引导学生通过作者写景的手法体会作者蕴藏在字里行间的情感，尤其是课后第二题要求学生能联系上下文体会作者笔下景物的动态美，感受作者通过动静结合的方法描绘出的四季之美的独特韵味。

我们来看两位老师教学本课时构建的阅读话题。教师甲构建的话题是："自读课文，感受四季有哪些独特的美，画出你印象深刻的句子作批注。"教师乙构建的话题是："自读课文，找出作者描写景物动态美的句子，抓住关键词句体会作者笔下四季之美的独特韵味。"教师甲引导学生"感受四季有哪些独特的美"，我们不难看到，这样的学习目标还是在围绕课文内容组织教学，那么如何从"学课文"实现"学语文"华丽转身呢？教师构建的阅读话题就至关重要了。教师乙直接借助课后题引导学生找出作者描写景物动态美的句子，运用抓关键词句的方法于描写动态美的句子中体会作者笔下四季之美的独特韵味，实现了从语言文字到思维提升再到情感体验的学习过程，有效地落实了本单元"初步体会景物的静态美和动态美"的语文要素。

（四）神话类文章

神话故事历史悠久，情节生动有趣并蕴含着许多哲理，具有独特的魅力，在培养与提升小学生想象力和创造力的过程中发挥着极其重要的作用。当前的语文教育改革强调语文阅读教学要立足于民族文化，而上古神话是我国民族文化重要的组成部分，是中华民族不断发展壮大的精神动力，几千年来，它影响着中华民族的思想形成，滋养着中华民族的成长，影响着中国的文明。当然，外国的许多神话传说同样也会带给我们许多精神的熏陶和智慧的启迪。因此教学时，教师要着重引导学生感受神话故事夸张、想象丰富的特点，抓住关键词句品读神话故事中人物的精神品质，充分发挥神话故事在"启智蕴美"中的重要作用。

统编版语文四年级上册第四单元就是一个以"神话传说"为主题的单元，本单元主要编排了中国上古神话故事《盘古开天地》《精卫填海》《女娲补天》以及古希腊神话故事《普罗米修斯》，本单元的阅读语文要素主要有两个，一是"了解故事的起因、经过、结果，学习把握文章的主要内容"，二是"感受神话中神奇的想象和鲜明的人物形象"。教学时教师要在学生整体感知故事内容的基础上引导学生通过想象画面、抓住故事主要情节、抓关键词句等方法体会人物精神，感受神话故事里丰富、神奇的想象。

以《盘古开天地》一课为例，这篇文章围绕“创造”这个中心，讲述了一个叫盘古的巨人，用斧头开天辟地，用身体顶天蹬地，最后化作万物创造了美丽的宇宙的神奇故事。文章想象丰富，脉络清晰，文字叙述具体而生动，教材选编这篇课文的目的是让学生认识神话这种文学形式，体会巨人盘古的献身精神，感受神话丰富的想象力，激发热爱中华灿烂传统文化的情感。阅读品悟环节教师可以借助课后题构建自读话题，如借助课后习题一构建话题：“自读课文，边读边想象画面，说说你心目中的盘古是什么样的。”或借助课后习题二构建话题：“自读课文，从文中找出你认为神奇的地方说一说自己的体会。”话题一指向通过想象画面的方法体会盘古的人物形象，话题二指向抓住关键词句感受神话故事的“神奇”。如果能借助一个阅读话题引导学生通过关注神话故事“神奇”的特点去体会人物精神则更为巧妙，这样可以有效地把“工具性”与“人文性”结合在一起，因此我们可以构建这样一个阅读话题：“自读课文，找出文中你认为神奇的地方，说一说从中你看到了一个怎样的盘古。”这样，学生便可在品读文中那神奇的力量、神奇的变化以及神奇的功绩中感悟盘古的品质、总结盘古的形象，让学生在感知文本内涵的基础上深化阅读思维，更好地促进学生关键能力和核心素养的不断发展。

五、总结拓展环节：便引诗情到碧霄

课堂总结环节也是阅读教学的重要一环。总结环节虽简短，但是基于前面的学习，学生此时情感饱满、思维活跃，教师要精心设计总结环节，既要带领学生总结一堂课学习的语言知识和技能方法，又要使学生获得思想的启迪、情感的熏陶、审美的乐趣。“智美语文”主张在课堂总结环节，教师应该紧扣文本、巧妙提升，发展学生的思维能力，提升学生的审美能力，不应进行无休止的拓展或不适当的引申，要抓住文本本身，为学生思维能力的发展和审美能力的提升推波助澜、锦上添花。

下面来看课堂总结拓展环节的几种教学方法与教学案例。

（一）归纳法

归纳式的总结方法适用于课文篇幅较长、教学内容较多的课文，通过在课堂结尾做较为系统条理的归纳概括，使学生对课堂学习内容有较为全面清晰的了解，提升学生归纳概括的思维能力，从而加深对课文内容的理解、加强对阅读方法的掌握。

如教学统编版语文四年级下册《飞向蓝天的恐龙》一课，这篇课文是一篇科普文章，主要向人们介绍了科学家们根据研究提出的一种假说：鸟类很可能是一种小型恐龙的后裔。20世纪末，我国科学家在辽西首次发现了保存有羽毛印痕的恐龙化石，为人们想象恐龙飞向蓝天、变化为鸟类的演化过程提供了证据。文章既揭示了科学家在古生物研究方面的重大发现，也向学生开启了一扇探索古生物的科学之门，唤起他们对科学的浓厚兴趣。教学本课时，教师主要引导学生找出文中自己不懂的问题，通过多种方法解决，并体会科普文章准确严谨的表达方式。在课堂最后的总结环节，教师就可以借助课后第二题，以总结归纳的方式请学生简明扼要地介绍恐龙飞向蓝天、演化成鸟类的过程，在介绍的过程中提醒学生一要把过程说清楚，二要注意用词的准确和严谨。这样就有效地将课堂所学进行了巩固强化和实践运用。

(二) 引申法

美的文章读后常常会让人觉得余味未尽，有言已尽而意无穷之感，因此对于结构比较简单、内容较为浅显但文字优美、情感浓厚、意境深远的一些课文，在课堂总结环节，教师不必再对内容做过多的回顾总结，而要抓住学生思维和情感的提升点，制造悬念，激发学生课下继续进行深度阅读的兴趣，获得更深刻的启迪和提升。

如教学统编版语文五年级下册《祖父的园子》一课，课堂中教师指导学生运用多种方法体会作者蕴藏在字里行间的情感，通过补充资料、配乐诵读等教学环节，学生对萧红与祖父之间那份浓浓的爱以及萧红对祖父、对园子深深的怀念之情有了初步的认识，在课堂的最后，教师抓住学生思维的活跃点和情感的升华点，可以这样引导学生，激发学生阅读《呼兰河传》这部名家名著的兴趣：

"其实这座园子就恰如呼兰河一样，成为萧红人生历程中一个永不磨灭的印记。《呼兰河传》是一部回忆录，关于故乡，关于童年，正如萧红自己所说：它没有轰轰烈烈的故事，只有娓娓道来的叙述；没有华丽辞藻的修饰，只有朴素情感的流露。就如同这些看似平淡的文字，让我们体会到的是自由、是怀念，当然也许还有许许多多的情感也融进了这些平淡的景、平淡的事中。或许有孤独、有寂寞，当然也有温暖和希望。课下就让我们继续去阅读祖父和园子的故事，继续去读有关呼兰河那些忘却不了和难以忘却的故事吧！你可能会体会到文字背后更多的情感。”

通过这样娓娓道来的总结，激发学生课下继续阅读《呼兰河传》的兴趣。

（三）读写法

写作是对学生通过阅读课堂获得的知识内容、方法技巧、思维能力、情感体验的一种最直接和最高级的反馈。因此结合具体的篇目，教师也可以在课堂总结环节巧妙地从读过渡到写，依据教材内容将读写有效联系起来，以此加深对课文内容的理解，加强对所学方法技巧的巩固。

如教学统编版语文四年级下册艾青的现代诗《绿》，这首诗生动地描述了春天到处都是绿色，树木、大地中的小草在春风的吹拂下来回摆动，风是绿的，水是绿的，世界充满了绿。绿是生命的颜色，是生命的象征；绿是自然的颜色，是希望和快乐！作者通过绿的摇曳、绿的美展示了绿的独特魅力！本单元要求学生能“初步了解现代诗的一些特点，体会诗歌表达的情感”，教学时教师要引导学生通过抓住具体的诗句感受作者细腻的表达和丰富的想象，体会作者对“绿”的赞美，对春天的讴歌。诗歌最后的“所有的绿就整齐地按着节拍飘动在一起”给读者留下了无限的想象空间，教师可以在学生沉醉于作者美的文字和情感时请他们想一想：生活中还有哪些绿色会整齐地按着节拍飘动在一起？请学生写一写。教师可以为学生创设情境，如“微风拂过的稻田”，又如“河畔低垂的柳枝”……写作时可以仿照原文的句式和节奏，注意诗歌独特的表达方式。通过这样的读写环节，有效地加强了学生对诗歌写法的感悟，加深了学生对作者情感的体验，提升了学生的学科素养。

总之，正如陶行知所说，真正的教育必须造就能思考、能建设的人，教师和学生不只是教与学的关系，他们还在课堂生命中涌动和成长，因此阅读教学的各个环节，教师都要精心设计、巧妙引导，让学生在主动积极的思维和情感活动中加深理解与体验、感悟与思考，让学生在思维发展中诗意地生长。

"智美语文"的课堂评价

一、"智美语文"课堂评价策略

课堂观察是课堂教学效果评价常用的一种研究方法，是指观察者将研究问题具体化为一个个观察点，观察者运用观课量表对一个个观察点进行收集、描述、记录相关的数据信息，再根据观课过程中记录的相关数据对观察结果进行反思、分析、推论，以此来促进被观察者反思教学行为，促进学生的学习。课堂观察可以帮助我们获得课例研究的直接证据，是研究课堂的有效工具。

（一）"智美语文"课堂观察的一般流程

第一，选取观察点。依据崔允漷教授的课堂观察LICC范式，选取可操作性且能够具体化的观察点。比如，在观察《肥皂泡》一课时，依据观察者制定的教学目标，设计了"学习目标达成度"观课量表，在观课过程中，对教学目标在教学活动中的达成度进行了观察。因一堂课需要观察的点会比较多，可以通过几个小组，从不同的观察点来设计观课量表进行观课，能更全面地考察教学目标达成情况。

第二，设计观察量表。将观察点分解为可以观察的课堂行为指标，依据观察指标设计课堂观察量表。比如，以"学生的思维发展"为观察点，将其分解为形象思维、创新思维、逻辑思维等行为指标。

第三，开展课中观察。课中观察是指观察者走进被观察者的课堂，按照课前设计的观课量表对所需要的信息做记录。观察者进入课堂后要迅速选择观课对象并选取最佳观课位置做好观课准备，按照观课量表设计要素将观察的内容做好详细记录，记录力求做到具体、详细，对于多个观察点的研究，可以几个观察者一起分工合作，各尽其职，使课堂观察更加全面。

第四，撰写观课报告。观课报告是指观课结束后，观察者通过观课量表记录的数据，针对课堂教学现象、问题与被观察者一起进行深入的讨论和总结。观课报告包括数据分析、问题呈现、改进建议等。在撰写观课报告时要遵循客观公正的原则，对被观察者的交流要保持礼貌、合作的态度，并争取能够为教学提供实质性的建议。

（二）指向“智美语文”课堂评价表

为了研究课堂教学是否能真正促进学生思维的发展和审美能力的提升，笔者自主开发了“‘智美语文’课堂评价表”，通过课堂观察的形式，记录课堂教学的过程及需要改进、补充的内容等。

评价表主要项目包括评价项目、课堂表现形式、细节亮点记录等内容。其中，评价项目有学生思维发展、审美能力提升两大方面。思维发展主要有形象思维能力、逻辑思维能力、创新思维能力、批判性思维能力等；审美能力提升主要有发现汉字之美、品味语言之美、体会情感之美、传承文化之美等。

（三）“智美语文”课堂的观课模式

如何科学地对一堂课进行客观的评价，要用数据说话。我们依据崔允漷教授提出的课堂观察LICC范式来设计观察量表。崔教授把课堂观察设计为4个维度，20个视角，68个观察点。通过实践发现，我们的课堂观察重心主要是获得课堂评价是否提高了教学的有效性，学生的语文思维能力和审美能力是否获得有效提升，所以结合崔允漷教授提出的课堂观察范式，我们设计了“小窗口”观课模式。

所谓“小窗口”观课模式是指课堂观察设计的观察点要尽可能聚焦，可以撷取课堂教学的某一片段来进行分析，从而对课堂效果及其成因进行推断，为执教教师提出教学建议。忌求大求全，面面俱到。我们从教师执教的课堂教学效果和学生参与课堂学习情况两个维度设计了观课量表模板。

首先来看课堂教学效果评价表。课堂教学效果评价量表从教学目标、教学环节、环节目标落实角度对教师在组织课堂教学中促进学生思维发展和提升学生审美能力的落实与达成情况进行细致的观察及分析（见表1）。

表1 “智美语文”课堂教学效果评价表

执教教师		课题		观课时间			观察者	
单元语文要素	人文要素							
	阅读要素							
本课教学目标								
教师板块推进			思维发展		审美能力提升			
环节	落实目标	达成策略	内容	形式	汉字之美	语言之美	情感之美	文化之美
激趣导入								
字词教学								
整体感知								
研读文本								
拓展总结								
观察分析								

其中“思维发展”一项的具体课堂评价内容如表2所示。

表2 “智美语文”课堂思维发展评价内容

思维发展				
内容			形式	
形象思维	观察		驱动	
	模仿			
	联想			
	想象			

续 表

思维发展				
内容			形式	
逻辑思维	分析		推进	
	综合			
	概括			
	比较			
	归纳			
创新思维	求异		引申	
	逆向			
	发散			
批判思维			机械	

再来看学生参与课堂活动情况观察量表（见表3）。

表3　学生参与课堂活动的研究

时间			执教人			课题		
班级			学校			观察者		
观察维度	学生课堂提问和回答次数			△思维活跃（　）		☆审美提升（　）		
行数	第一排		第二排		第三排		第四排	行数
1								1
2								2
3								3
4								4
5								5
6								6
7								7
8								8
观察分析								

设计好观察量表，就可以进入课中收集观察相关信息了；课后，观察者首先对收集到的数据进行统计，然后结合课堂观察到的情况做出相应的分析。

二、"智美语文"课堂评价实例

下面以笔者执教的山东省小学语文公开课《肥皂泡》一课为例，借助上述观课量表进行课堂教学评价（课堂教学内容见本书下篇"追童年　忆童年　梦童年）。

首先来看有关教师课堂教学效果的观察与评价（见表4、表5）。

表4 "智美语文"课堂教学效果评价量表

执教教师	王伟	课题	《肥皂泡》	观课时间	2019年4月		观察者	刘老师
单元语文要素		人文要素	多彩童年					
		阅读要素	运用多种方法理解难懂的句子					
本课教学目标		1.正确认读本课生字，积累描写肥皂泡的词语。正确、美观地书写"娇、婴"二字 2.有感情地朗读课文，运用"抓关键词"和"想象画面"的方法理解难懂的句子，体会肥皂泡的颜色美和形状美 3.体会作者由肥皂泡产生的丰富想象，并发挥自己的想象说一说肥皂泡还有哪些美丽的去处						
教师板块推进			**思维发展**		**审美能力提升**			
环节	**落实目标**	**达成策略**	**内容**	**形式**	**汉字之美**	**语言之美**	**情感之美**	**文化之美**
激趣导入	激发学生学习兴趣，初步走进作家冰心的童年	1.以课余生活为主题谈话导入 2.补充作家冰心儿时游戏资料 3.补充作家冰心生平资料	形象思维（观察、联想） 逻辑思维（分析、比较）	驱动推进			童年的欢乐	文学美

续 表

教师板块推进			思维发展		审美能力提升			
环节	落实目标	达成策略	内容	形式	汉字之美	语言之美	情感之美	文化之美
字词教学	认读本课生字，积累描写肥皂泡的词语，正确、美观地书写“娇”“婴”二字	1. 检查词语认读 2. 分享品读描写肥皂泡的词语 3. 对比观察带“女”字的汉字书写	形象思维（观察、联想、想象） 逻辑思维（分析、比较） 创新思维（求异）	驱动引申	字意美、字形美	意境美		文学美
整体感知	了解文章主要内容	1.借助关键词概括段落大意 2.借助思维导图树立文章大意	逻辑思维（分析、综合、概括）	推进引申				
研读文本	理解难懂的句子，体会肥皂泡的颜色美和形状美	1. 观察发现第3自然段第一句话逗号很多，特别长，抓住句子中一连串的表示动作的关键词，读懂长句子 2.引导学生发现关键词，抓住关键词“慢慢地”和“轻轻地”吹肥皂泡成功的技巧 3. 读第4自然段，画出喜欢的句子，体会肥皂泡美在哪里（从“五色的浮光”中体会颜色美，从“长圆的形式”等词句中体会形状美）	形象思维（观察、想象） 逻辑思维（分析、比较） 创新思维（求异、发散）	驱动推进引申		形式美 含蓄美 意境美	体会作者对肥皂泡的喜爱之情	文学美

续 表

教师板块推进			思维发展		审美能力提升			
环节	落实目标	达成策略	内容	形式	汉字之美	语言之美	情感之美	文化之美
拓展总结	体会作者由肥皂泡产生的丰富想象，并发挥自己的想象说一说肥皂泡还有哪些美丽的去处	1.配乐听朗诵，感受作者由肥皂泡产生的美好想象 2.仿照文章形式，发挥想象仿写 3.总结课堂，推荐阅读	形象思维（联想、想象） 创新思维（发散）	驱动 推进 引申		形式美 含蓄美 意境美	体会作者对童年生活的留恋之情	
观察分析	1. 从语文思维发展角度来看，本课教学中教师注重培养和提升学生的语文思维，在教学的各个环节有效训练和提升了学生的形象思维能力、逻辑思维能力及创新思维能力，结合文本特点，尤以想象、联想、分析、概括、比较、求异、发散等思维能力为主；从思考的形式上来看，驱动性思维占33.33%，推进性思维占50%，引申性思维占16.7%，没有进行机械性思维训练。也就是说，学生在学习各个要素的活动中，是带有很高思维含量的。王老师精心设计了教学活动，在各个环节落实要素的过程中，有效发展了学生思维提升的语文素养。 2. 从审美提升角度来看，王老师在教学的各个环节都十分注重“智”与“美”的融合，学生在品读文章、落实要素的过程中有效获得了汉字之美、语言之美、情感之美、文化之美的熏陶，获得了良好的审美体验。此外，课堂上学生始终面带微笑，说明学生在轻松愉悦的学习氛围中习得了知识与方法，获得了情感的共鸣与升华。							

表5 学生参与课堂活动的研究

时间	2019年4月		执教人	王伟		课题	《肥皂泡》	
班级	三年级		学校	淄博市		观察者	刘老师	
观察维度	学生课堂提问和回答次数			△思维活跃（ ）		☆审美提升（ ）		
行数	第一排		第二排		第二排		第四排	行数
1	☆△2	☆△1	1	☆△△3	☆△△3	△2	☆△1	1
2	☆△	☆△△3	☆△△△3	△2	△△☆3	☆2	△1	2
3	☆△	△1	△	☆	△1	☆3	☆	3

续 表

<table>
<tr><th>行数</th><th colspan="2">第一排</th><th colspan="2">第二排</th><th colspan="2">第三排</th><th>第四排</th><th>行数</th></tr>
<tr><td>4</td><td>△△☆3</td><td>☆△△3</td><td>☆△2</td><td>☆△2</td><td>△△3</td><td>☆2</td><td>☆△△3</td><td>4</td></tr>
<tr><td>观察分析</td><td colspan="8">1.我们对学生参与课堂互动情况进行了汇总，通过分析发现，课堂上王老师一共提出20多个问题，有20人积极参与，2人未参与过回答，但均有举手，回答次数超过三次的学生有9人，占全班人数的32.1%。从问题回答的有效性和覆盖面来看，这节语文课调动了部分学生的学习积极性，参与度还是比较高的
2.通过学生举手和回答问题的次数，我们可以看到整堂课中学生思维活跃度比较高，通过教师提问和引导学生能进行深度思考，发表自己的看法
3. 通过学生举手和回答问题的次数以及学生学习时的面部微表情观察分析，整堂课中学生始终沉浸在美的学习氛围中，能够与作品中作者表达的情感产生共鸣</td></tr>
</table>

下篇

“智美语文”教学案例及解读

好的先生不是教书，不是教学生，乃是教学生学。

——叶圣陶

追童年　忆童年　梦童年

——《肥皂泡》教学实录及点评

课例获奖情况：

2019年4月“山东省统编小学语文教学研讨会”公开课

2019年12月教育部“一师一优课”活动部级优课

2020年10月山东省“互联网+教师专业发展”研修项目必修课例

【教学目标】

（1）正确认读本课生字，积累描写肥皂泡的词语。正确、美观地书写“娇”“婴”二字。

（2）有感情地朗读课文，运用“抓关键词”和“想象画面”的方法理解难懂的句子，体会肥皂泡的颜色美和形状美。

（3）体会作者由肥皂泡产生的丰富想象，并发挥自己的想象说一说肥皂泡还有哪些美丽的去处。

【教学重难点】

理解文中难懂的句子，体会肥皂泡的颜色美和形状美。

【教学实录】

（一）课前交流，谈话导入

（课前播放儿歌《校园多美好》）

师：同学们好！

生：王老师好！

师：同学们，刚才我们听了一首特别好听的歌，它是反映校园生活的，王老师也非常想了解一下你们在平时的课余时间最喜欢做什么？

生1：我喜欢读书。

生2：我喜欢下象棋。

生3：我喜欢和同学做游戏。

师：这么多有趣的活动！看来大家的童年生活真是丰富多彩。有一个人，她的童年生活和大家的不太一样，想看看吗？

（生纷纷点头，教师出示文章《大舞台》节选片段）

> "蒲公英和苦菜一齐开花的日子，山上像是撒满了星星，这会引得她跑东又跑西。"
>
> "她终日在海边和山间奔游，和水兵们做朋友，也常和附近庄里的打鱼人聊天。"

师：大家发现了吗，"她"喜欢去哪儿玩？

生1：喜欢去山上玩。

生2：还喜欢去海边玩。

师：是呀，你们猜出"她"是谁了吗？她就是作家冰心（出示冰心先生的生平资料：冰心，1900—1999年，原名谢婉莹，现代著名的散文家、诗人，被称为"二十世纪中国杰出的文学大师"）。

（学生认真地默读资料）

师：同学们，冰心不仅是文学大师，她还写了许多儿童作品，深受小朋友们的喜欢，我们可以亲切地称她为冰心奶奶。虽然冰心奶奶的童年生活与我们有很多不同的地方，但有一点是相同的：她也特别喜欢做游戏，尤其是这个（出示课文插图）。大家知道这是什么游戏吗？

生：吹泡泡。

师：吹肥皂泡不仅是冰心小时候经常玩的，也是她最爱玩的游戏。今天我们就一起走进冰心的作品《肥皂泡》，一起去感受这个小游戏带给她童年的快乐与美好吧。请大家齐读课题！

生：（齐）肥皂泡！

（二）整体感知，梳理字词

师：同学们课前都预习了课文，谁想来说一说这篇文章围绕课题“肥皂泡”都写了哪些内容？

（生纷纷举手，师指一名同学回答）

生：（借助课前预习单）第3自然段写了作者做肥皂泡和吹肥皂泡的方法，第4自然段写了孩子们在廊子下看肥皂泡，第5自然段还写了作者由这些肥皂泡产生的一些想象。

师：他预习得可真仔细，我们把他总结的这些关键词写到黑板上。（板书关键词）围绕课题“肥皂泡”，文章就写了这样几件事（用圆形把关键词串联到一起）。

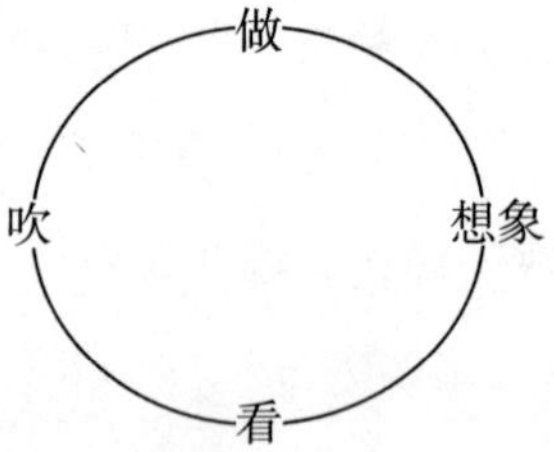

串联关键词

师：课前在自主学习单上还让大家找一找、写一写文章中描写肥皂泡的词语，谁想来分享几个？

（生纷纷举手，分享课前在自主学习单上积累的文中描写肥皂泡的词语）

师：大家找到了这么多，一个普通的肥皂泡，冰心竟用了这么多不同的词语来描写它，我们一起来读一读这些词语！（课件出示词语，学生齐读）

轻圆　　脆薄
轻清透明　　光影零乱
轻清脆丽　　玲珑娇软

师：同学们，我们来看看这些词，透过字面意思你读出了肥皂泡哪些特点？

生1：肥皂泡颜色是透明的，而且特别容易破碎。

生2：肥皂泡的体积还特别轻。

师：（课件第一列的三个“轻”字变红）哦，你发现了这一列三个词的第一个字都是“轻”，从这个“轻”字我们读出了肥皂泡体积特别轻，体态也特别轻盈，真会发现！

师：（课件第一列的两个“清”字变绿）同学们看，这组词里还有一个带三点水的“清”，这个“清”字能让我们读出肥皂泡的颜色……

生：肥皂泡的颜色就像水一样清澈。

师：是啊，多美的肥皂泡，谁再来给大家读一读第一列词语？

（生纷纷举手，师指一名同学读）

师：声音动听，读出了肥皂泡的美！同学们看这里有一个词是“玲珑娇软”，从这个词你读出肥皂泡的什么特点？

生：肥皂泡特别的小，特别的柔软。

师：是啊，我们一般形容肥皂泡都说柔软，冰心在这里却说“娇软”，“娇”字在字典里有三个意思，想一想在这里我们选哪一种？（课件“娇”字变红，出示“娇”的三个意思：①柔嫩、美好可爱；②娇气；③过分爱护）

生：选第一个意思。

师：看来，“娇软”一词不仅能让我们感受到这些肥皂泡的柔软，还能读出它的美丽和可爱。这个“娇”也是本课要求会写的字，这个字的偏旁是女字旁，本课还有一个要求会写的带“女”字的字——“婴”（课件出示“娇”字和“婴”字在田字格中的书写），我们一起来观察一下如何把带女字旁和女字底的汉字写美观。

（生认真观察，纷纷举手）

生1：我观察到写“娇”字时女字旁要写得窄一点、小一点。

师：是啊，为了左右相互避让，它的最后一笔横还要变成提。

生2：我注意到“婴”字中的女字底要写得扁一些、宽一些，最后一笔横还要写得长一些！

师：你观察得真仔细！老师把刚才这两位同学提到的书写要点编成了两句书写口诀，我们一起来读一读！（出示，学生齐读）

“女”字在左窄而长，横变提，要谦让；
“女”字在下扁而宽，横伸长，要托上。

师：下面就请同学们在自主学习单上把这两个字工工整整地各写两遍。

（生练写生字，老师巡视并评价指导）

师：（环视教室看到学生都已经写完坐端正）同学们看，作者就是用这样一些词语让我们读出了肥皂泡那体态轻盈、颜色透明、美丽柔软的特点，可见这小小的肥皂泡给作者留下了多么深的印象。那作者是怎么来做肥皂泡，又是怎么来吹肥皂泡的呢？我们先来看课文的第3自然段（课件出示课文第3自然段）。

（三）抓关键词，读懂吹肥皂泡的方法

师：大家看看这个自然段有几句话？

生：两句。

师：看一看这两句话中哪一句是描写做肥皂泡和吹肥皂泡的方法的。

生：第一句。

师：同学们看，这个句子有什么特点？

生：（观察第一个句子）这个句子逗号特别多，特别长。

师：是啊，这是一个长句子。长句子一般比较难读。谁来试着读一读？

（生纷纷举手，师指一名同学读）

师：同学们听他读得多有趣啊！你看，“放在”碗里、“加上”水、“和弄和弄"，这些词都是表示动作的，其实这个句子里还有一些表示动作的词，大家还能找到哪些？

（指一生读，生找到的动词课件中变红：蘸上、吹起、一提）

师：是啊，作者就是用了这样一连串的表示动作的词写清楚了方法和过程，我们一起来读一读这些表示动作的关键词。

（生绘声绘色地读）

师：同学们看，抓住这些关键词能帮助我们把这个长句子读得更明白。看来抓关键词是一种读懂句子的好方法。（板书：抓关键词）

师：同学们，我们抓住关键词找到了做泡泡和吹泡泡的方法，不过在冰心的童年，做泡泡和吹泡泡的工具可是非常简陋的：你看就只有一点碎肥皂水和一支竹笔套管，吹起泡泡来想要成功还真需要一点技巧。再来读读这句话，大家能发现成功的技巧吗？

生1：我抓住"慢慢地"这个词读出吹肥皂泡时动作一定要慢。

师：是啊，（课件"慢慢地吹起"颜色变红）你来试着读一读。（生慢慢地读）

生2：我还从"轻轻地一提"中读出动作不仅要慢，还得轻。

师：你也发现了成功吹肥皂泡的小技巧，（课件"轻轻地一提"颜色变红）你来试着读一读。（生轻轻地读）

师：同学们看，抓住句子里的关键词"慢慢地""轻轻地"，我们就找到了吹泡泡成功的秘诀，（手指"抓关键词"的板书）看来抓关键词真的是一种读懂句子的好方法。谁能试着抓住句子里的这些关键词，再来读读这一段？

（指一生读第3自然段）

师：读得真生动！看来抓住句子里的关键词不仅能让我们读懂句子，还能让我们读好句子。

（四）想象画面，感受肥皂泡之美

师：同学们看，就是用这样的方法，慢慢地一吹，轻轻地一提，再轻轻地扇送，这肥皂泡就飞起来了。我们也吹过肥皂泡，想一想你吹起来的肥皂泡是什么样的。

生1：我吹起的泡泡在阳光下特别美。

生2：我吹起的泡泡大小不一，也特别美。

师：在作者笔下，这些吹起来的肥皂泡也是很美的，下面就请同学们自由地朗读课文的第4自然段，画一画自己最喜欢的句子，想一想肥皂泡美在哪里。（课件出示自学要求：自由朗读课文第4自然段，画一画最喜欢的句子，想一想肥皂泡美在哪里）

（生自读课文，思考批注，教师巡视）

师：都读完了，我们一起交流交流，你从哪些句子读出了肥皂泡的美？

（学生纷纷举手，老师请一位第一次举手的男生回答问题）

生：我从“这肥皂泡，吹起来很美丽，五色的浮光，在那轻清透明的球面上乱转”这个句子读出肥皂泡的颜色特别美！

师：你可真会读书！（板书：颜色美）除了颜色美，肥皂泡还美在哪里？

生：我还从“若是扇得好，一个大球会分裂成两三个玲珑娇软的小球，四散分飞”这个句子读出肥皂泡有时是一个大球，有时还能分解成玲珑娇软的小球，它的形状也特别美。

师：你也特别会总结！（板书：形状美）同学们，在这一段中还有一句也是描写肥皂泡形状变化的，谁发现了吗？

生：老师我找到了，这句也是描写它形状变化的，“有时吹得太大了，扇得太急了，这脆薄的球，会扯成长圆的形式”。

师：是啊，我们班的同学都特别会读书，自己读文章就读出了肥皂泡的颜色美和形状美。刚才老师看到许多同学都画出了描写肥皂泡颜色美的这句话，看来大家都对这个句子印象比较深刻，我们再来一起细细地读这句话。（课件出示：“这肥皂泡，吹起来很美丽，五色的浮光，在那轻清透明的球面上乱转。”）

（指一生朗读）

师：大家从哪个词读出了肥皂泡的颜色美？

生：“五色的浮光”一词仿佛让我看到了肥皂泡那五颜六色的样子，特别美！

师：是啊，这个句子里还有一个描写肥皂泡颜色特点的词，谁找到了？

（生纷纷答“轻清透明”）

师：作者在同一个句子里用了两个表示颜色的词来描写肥皂泡，这是为什么？

（生流露出疑惑不解的神情）

师：这个问题有点难，我们先不急着回答，其实冰心的作品里还有许多这样的句子。（课件出示句子："我们这里也是漾出晴光，就是柳叶舒青，杏花怒放了！"）

师：同学们看，这是冰心在《再寄小读者》中描写的北京春天的句子，你看在这幅画面里，这柳叶的颜色是——（生答）绿色，这怒放的杏花颜色是——（生答）粉色。是啊，一绿一粉、一深一浅，相互映衬，把这春天的画面装扮得多么美！

师：（课件出示句子："天空中已出现了鱼肚白色，灿烂的朝阳，不久就要照到窗前的书案上了。"）再来看《灯光》中的这个句子，同学们看，这时天空的颜色是——（生答）鱼肚白色，这时灿烂的金色朝阳正在慢慢升起，这一深一浅两种颜色交相辉映，让这黎明前天空的画面看上去也是那么——（生答）美！

师：那么，此时我们再来读读文中这句话，你发现了什么？

（生恍然大悟，纷纷举手）

生："五色的浮光"和"轻清透明"的球面也是一深一浅两种颜色交相辉映，突出了肥皂泡的美！

师：是啊，当这轻清透明的球面上泛起五色的浮光，就成了这样一幅美的画面。（课件出示肥皂泡图片）同学们想，在写肥皂泡的颜色时，只抓住"轻清透明"一词好吗？

（学生纷纷摇头）

生：这样颜色未免会很单调！

师：是啊，但如果只突出它的"五色的浮光"呢？

生：又会过于艳丽！

师：是啊，轻清透明的球面上浮动着五色的浮光，这才是肥皂泡独特的颜色之美！想象着这颜色美的画面，谁再来读读这个句子？

（指三名学生读）

师：读得真美啊！我们就这样边读文字边想象画面，就读懂了这个句子，读出了这肥皂泡独特的颜色之美。看来想象画面也是一种读懂句子的好方法。（板书：想象画面）

（课件出示两个描写肥皂泡形状美的句子）

师：刚才我们还找到了这两个描写肥皂泡形状美的句子，这也是两幅很美的画面！请大家试着用想象画面的方法再读一读这两句话。

（生自读，边读边想象画面）

师：谁来给大家读一读？（课件出示句子：“若是扇得好，一个大球会分裂成两三个玲珑娇软的小球。”）

（指一名学生读）

师：你发现这个句子和原文有什么不同？

生：少了一个词——“四散分飞”。

师：从“四散分飞”你能想象到什么样的画面？

生：我仿佛看到一个个玲珑娇软的小球一下子就朝四面八方飞去了，画面特别有趣！

师：是呀，去掉“四散分飞”就只能看到形状的变化，却展现不出它们在空中到处纷飞的动态美的画面。谁来试着读出这个句子的画面美？

（指一生读）

师：那再来看这个句子中有没有像“四散分飞”这样描写肥皂泡画面动态美的词语？

（课件出示句子：“有时吹得太大了，扇得太急了，这脆薄的球，会扯成长圆的形式，颤巍巍的，光影零乱）

（生纷纷回答“颤巍巍”和“光影零乱”）

师：谁再来抓住这两个词说一说你看到的画面？

生：我仿佛看到五颜六色的光在肥皂泡上乱转。

师：是啊，它们在空中颤颤巍巍、颤颤巍巍，马上就要破了——读到这里，你们想不想看一看肥皂泡这些美丽的画面？

（生纷纷点头）

师：准备好，瞪大眼睛，千万不要眨眼。

（播放展现肥皂泡颜色美和形状美的图片，生陶醉其中）

师：美不美？（生纷纷点头）我看到大家还沉浸在这肥皂泡美的画面里，我们就想象着这些美丽的画面再来一起美美地读读这些句子。（课件出示课文第4自然段的前三个句子）这次我们这样来读，女生读第一句，男生读第二句，大家一起读第三句。

（学生按照要求有感情地朗读第4自然段的前三个句子）

师：听着同学们的朗读，老师仿佛看到那些轻清透明球面的、五色浮光的、四散分飞的、颤巍巍、光影零乱的肥皂泡正在空中飞啊，飞啊……

师：（边做动作边读第4自然段句子）"这时，大家都悬着心，仰着头，停着呼吸……"

（教师环视教室内正屏住呼吸的学生，随机采访）

师：此时此刻，看着天空中这美丽的肥皂泡，同学们你们在想什么？

生1：我希望这些肥皂泡可千万不要破啊！

生2：我也希望它们能在空中多停留一会儿！

师：你们的愿望可真美好！（课件出示第4自然段句子："不久，这光丽的薄球就无声地散裂了，肥皂水落了下来，洒到眼睛里，大家都忽然低了头，揉出了眼泪。"）然而作者并没有写这些美好的愿望，看来作者也像我们一样希望这肥皂泡能越飞越远，越飞越高……

（课件出示课文第5自然段，音乐声起）

（五）想象拓展，总结提升

（教师配乐示范朗读：那一个个轻清脆丽的小球，像一串美丽的梦，是我们自己小心地轻轻吹起的，吹了起来，又轻轻地飞起，是那么圆满，那么自由，那么透明，那么美丽）

师：借着扇子的轻风，把她们一个个送上天去、送过海去。

生1：（接读）到天上，轻轻地挨着明月。目送着她们，我心里充满着快乐、骄傲与希望。

生2：（接读）渡过天河，跟着夕阳西去。目送着她们，我心里充满着快乐、骄傲与希望。

生3：（接读）或者轻悠悠地飘过大海，飞越山巅。目送着她们，我心里充满着快乐、骄傲与希望。

生4：（接读）又低低地落下，落到一个熟睡中的婴儿的头发上……目送着她们，我心里充满着快乐、骄傲与希望。

师：（总结）同学们看，这一个个轻清脆丽的肥皂泡，借着扇子的轻风，它们飞上蓝天、亲近明月，渡过天河、追逐夕阳，飘过大海、飞越山巅，它们还有哪些美丽的去处？请大家也发挥想象像作者一样写一写吧。

（生发挥想象在课堂学习单“小练笔”一栏进行仿写练习）

师：谁想来分享？

生1：借着扇子的轻风，她们飞到彩虹上，让彩虹更加鲜艳；她们飞到大海上，让海浪不再孤单。目送着她们，我心里充满着快乐、骄傲与希望……

生2：借着扇子的轻风，她们飞到田野里，让金灿灿的麦田更添几分色彩；她们飞到夕阳边，让夕阳更添几分欢乐。目送着她们，我心里充满着快乐、骄傲与希望……

师：是啊，读着读着，这一个个轻清脆丽的肥皂泡，借着扇子的轻风，仿佛也带着我们童年的梦想飞向了远方，留下了无尽的快乐、骄傲与希望……（板书：快乐）

（出示课文第5自然段）

师：同学们，冰心的儿童散文，语言明朗清新、生动细腻，就像是一首首优美的诗，在课堂的最后让我们带着这节课收获的所有美好与快乐再来一起读一读这诗一样的文字吧！

（生有感情地齐读课文第5自然段，教室里回荡着孩子清脆而美好的读书声）

师：是啊，一个个小小的肥皂泡就是一段童年快乐回忆的缩影。冰心的作品被人们称为“爱的经典”，像这样带给人快乐与温暖的文章还有很多很多（课件出示课外推荐阅读文章：《童年杂忆》《童年的春节》《小橘灯》），课下老师推荐大家运用本节课学习的读书方法再去读一读她的这些作品，继续去感悟她的爱与真。

好，同学们，下课！

【教学解读】

聚焦要素　言意共生

2019年4月，笔者有幸代表淄博市在山东省统编小学语文课堂教学观摩活动中执教了《肥皂泡》这篇课文，受到专家和评委的一致好评；2019年12月，这节课例被评为部级优课，并作为必修课例入选2020年山东省"互联网+教师专业发展"工程，全省11万余名小学语文教师同人观摩了这节课例。正如温儒敏教授所说，老师备课，自己要读课文，赤手空拳地去读，获取真实的感觉和认知，这是很要紧的，自己有感受，讲课才有感觉、有温度。回想起来，第一次翻阅三年级下册的教材时，笔者就被这篇文本中那幅站在廊子下吹肥皂泡的小姑娘的精美插图所吸引；第一次读这篇课文时，笔者就深深沉醉在了冰心先生那美好的文字中。

确定课题的同时也开启了对这篇文本的教材解读之旅。《肥皂泡》是统编版语文三年级下册第六单元的一篇精读课文。本单元围绕"多彩童年"这一主题，编排了《童年的水墨画》《剃头大师》《肥皂泡》《我不能失信》四篇课文。四篇课文从不同角度呈现了多姿多彩的儿童生活，展现了童年生活的纯真和美好。

冰心先生的作品，文笔清新自然，情感真挚淳朴，意境深邃幽远。这篇课文写的是冰心童年时代吹肥皂泡的经历，那小小的、不起眼的肥皂泡，经了她的手、她的嘴以及她的眼、她的心，不但吹出了快乐，吹出了情趣，还吹出了自己童年的梦想，寄托了对美好生活的向往。课文共有五个自然段，介绍了肥皂泡的吹法，描写了肥皂泡的颜色、形状及变化，也写了吹肥皂泡时的心情和美妙的想象。本单元的语文要素是"运用多种方法理解难懂的句子"，学生在三年级上册第二单元学习过"运用多种方法理解难懂的词语"，这为"理解难懂的句子"提供了一个良好的基础。

《肥皂泡》这篇文章虽然内容简单，单元阅读语文要素也比较明确，但由于作家冰心的个人语言风格鲜明独特，要想在课堂教学中有效地实现"工具性与人文性的统一"，既有效地传递语文知识，形成语文学习能力，促进学生语言文字的积累和运用，落实单元语文要素，又通过冰心作品这样的优秀文化熏陶唤醒学生的心灵，培养学生的美感，有效发挥语文学科的育人价值，使课堂实现“智”与“美”的融合，并不是一件简单的事情。

因此在教材解读过程中，笔者并没有把目光只放在这一篇文本上，为了实现与文本、与作者的深度对话，笔者首先对全国各个版本的小学教材中选编的冰心作品进行了收集与梳理，结合这些资料，明确了小学语文教材中选编的冰心儿童散文的常见题材和语言风格及特点，有效地为课堂中补充作家的文外资源，凸显冰心明朗清新、生动细腻的语言风格提供了策略。下面，笔者从课堂的几个主要环节谈一谈本堂课中运用的一些教学方法与策略。

著名教育家陶行知先生曾说，教学艺术就在于设法引起学生的兴趣，有了兴趣就肯用全部的精力去做事情。导入的方法有很多种，以《肥皂泡》一课的教学为例，我们来看教学时不同的导入方法。

第一种导入方法是谈话导入，课前与学生交流这样一个话题：在平时的课余时间你们最喜欢做什么？这个话题无疑能有效激发学生的学习兴趣，学生纷纷举手回答，有的说喜欢跳绳，有的说喜欢读书，有的说喜欢玩捉迷藏，这时教师相机引出了课题——冰心小时候最爱玩的游戏是肥皂泡，于是课堂就在这样一种热热闹闹的气氛中展开了。类似这样的谈话导入在小学语文阅读课堂中非常常见，但是我们如果反思一下，这短则一两分钟、长则五六分钟的导入环节学生真正能收获什么？其实只不过是生活经验的浅显分享而已。第二种导入方法是资料补充法，教师向学生补充冰心先生的生平资料然后导入新课，这样的导入虽然让学生走进了作者，增长了知识，但不能有效激发学生学习课文以及进一步深入了解作者、阅读作者作品的兴趣，课堂伊始就显得枯燥无味。

而笔者在导入本课时有意识地让学生在美的情境中积累语言、发展思维，课前教师播放儿歌《校园多美好》，同时与学生交流：我们听到的这首特别好听的歌是反映校园生活的，在平时的课余时间你们最喜欢做什么？这个问题有效地激发了学生的兴趣，学生纷纷分享自己丰富多彩的课余生活，这时教师相机抛出问题：“有一个人，她的童年生活和大家的不太一样，想看看吗？”这个问题的提出让还沉浸在自己有趣的课余生活中的学生一下子集中了注意力，教师相机出示文章《大舞台》节选，学生通过观察文中童年的"她"喜欢去山上、去海边玩，进而走近了童年的冰心，拉近了学生与大作家之间的距离，为课文的学习做了有效的铺垫。

在这个导入环节，教师一方面通过环环相扣的问题引发学生的观察与思考，充分调动学生思维的积极性；另一方面每个问题的提出与思考都在"美的情境"中完成，校园儿歌的播放勾起了学生对课余生活的回忆与向往，《大舞台》中生动优美的文字带领学生走近了带有别样趣味与诗意的童年冰心，整个导入环节为接下来的课堂学习奠定了智慧而又富有诗意的基调。

再来看研读文本环节，《肥皂泡》这篇文章内容上十分贴近学生的生活，文笔清新自然，情感真挚淳朴，这篇文章所在的单元语文要素也十分鲜明突出，要求引导学生学会"运用多种方法理解难懂的句子"。但由于作家冰心的个人语言风格鲜明独特，要想在课堂教学中有效地实现"工具性与人文性的统一"，既能有效地传递语文知识，形成语文学习能力，促进学生语言文字的积累和运用，落实单元语文要素，又能通过冰心作品这样的优秀文化熏陶唤醒学生的心灵，培养学生的美感，并传承这样优秀的作家文化，使课堂实现"智"与"美"的融合，并不是一件简单的事情。理解难懂句子的方法有很多，教学时笔者根据文本特点删繁就简，重点指导学生运用"抓关键词"和"想象画面"的方法理解文中难懂的句子，读出句子包含的意思，了解游戏的过程与方法，感受肥皂泡独特的颜色之美和形状之美，让学生在学习方法、读懂内容的同时品味欣赏冰心明朗清新、生动细腻的语言，有效激发学生对童年美好生活的向往和对冰心优秀儿童作品的热爱。

如在指导学生运用"抓关键词"的方法理解文中难懂的句子时，教师提示学生思考并圈画描写做肥皂泡和吹肥皂泡方法的长句子中表示动作的关键词，并通过这些关键词一边做动作一边学一学做肥皂泡和吹肥皂泡。这种寓教于乐的方式，既训练了学生提取信息的能力，又让学生感受到了做、吹肥皂泡的乐趣。课文的第4自然段冰心用十分儿童化却又极其优美的语言描写了肥皂泡独特的颜色之美和形状之美，教学时教师既要引导学生体会冰心语言的生动和巧妙，又要让学生身临其境地感受到吹肥皂泡带来的乐趣，因此教师抓住"五色的浮光""轻清透明""四散分飞""颤巍巍"这几个关键词引导学生通过

“想象画面”的方法来读懂句子背后的美好与快乐，学生通过想象“五色的浮光”在“轻清透明”的肥皂泡上乱转的画面，感受到冰心语言的明朗清新，通过想象肥皂泡在空中“四散分飞”和“颤巍巍”的情景仿佛跟随作者的文字一起在廊子下悬着心、仰着头、屏住呼吸观赏肥皂泡。这样的教学过程既教会了学生“抓关键词想象画面”的方法，又让学生从语言出发体会到了文化之美和情感之美，有效地实现了智美相融、言意共生。

在《肥皂泡》一课教学的总结环节，笔者出示课文最后一个自然段并配乐范读，同时启发学生，这一个个轻清脆丽的肥皂泡，借着扇子的轻风，它们飞上蓝天、亲近明月，渡过天河、追逐夕阳，飘过大海、飞越山巅，它们还有哪些美丽的去处，请大家也发挥想象像作者一样写一写。学生练写、交流分享后教师进行总结，读着这一个个轻清脆丽的肥皂泡，借着扇子的轻风，仿佛也带着我们童年的梦想飞向了远方，留下了无尽的快乐、骄傲与希望。冰心的儿童散文，语言明朗清新、生动细腻，就像是一首首优美的诗，被人们称为“爱的经典”，课下老师推荐学生运用本节课学习的读书方法再去读一读她的其他作品，继续去感悟她的爱与真。通过这样的总结环节，既能引导学生把从课文中学到的语言形式和表达方法在言语实践中实现内化与运用，又通过想象使学生进一步感受了肥皂泡带来的纯真和美好，丰富了情感体验，激发了学生对冰心优秀儿童作品的热爱。

总之，阅读教学中教师既要从语文课程“工具性”的特点出发，用文字启发智慧，又要从语文课程“人文性”的特点出发，用书香蕴就美感，既不能一味地强调学习语言形式而忽视体味语言之美，也不能一味地追求情感熏陶而忽视知识的学习和思维的提升。教师应通过精选教学内容和优化教学策略启发智慧、唤醒心灵、培养美感、传承文化，有效实现语文教学为孩子的幸福人生奠基的目标，促进学生核心素养的形成与发展。

【教学评析】

凸显教材特色　提升语文素养

山东省教育科学研究院　李家栋

王伟老师执教的《肥皂泡》一课，是统编版语文三年级下册第20课的教学内容。该教学课例参加2019年"一师一优课"活动，获得了国家级一等奖的好成绩。该课教学哪些方面值得大家学习，哪些地方还可以进一步完善呢？接下来，我谈谈观摩该教学课例的体会。

下面，我着重说说该课教学的如下三个特点。

（一）字词教学突出重点，凸显语言规律

精读课例教学每课都会安排生字词方面的学习内容，该内容的教学处理方式不同，就会产生不同的效果。打开教材，我们会看到该课字词学习内容是比较多的，其中要求会认的字9个，要求会写的字12个，与之相关的词语也有多个。课堂教学时间有限，选择什么内容，采用什么方式教学，王老师提供了很好的示范。王老师的做法是突出重点，凸显规律。

老师们请跟我一同回忆一下王老师的字词教学活动。

王老师在学生自学生字词的基础上，出示了下列6个词语，与学生分享预习中积累的文中描写肥皂泡的词语。

轻圆	脆薄
轻清透明	光影零乱
轻清脆丽	玲珑娇软

这些词语极具特点，理解有难度。老师首先引导学生抓住关键字理解第一列的三个词语。透过一个"轻"字，读出了肥皂泡重量轻、体态轻盈的特点；透过一个带三点水的"清"字，读出了肥皂泡像水一样清澈、清亮。关键字理解了，词的意思也就没问题了。

第二列中的“玲珑娇软”，借助“娇”在字典里的三个意思（①柔嫩、美丽可爱；②娇气；③过分爱护），读出了肥皂泡的柔软、美丽及可爱。

这些教学活动不仅使学生理解了词语，还学到了理解词语的方法，这些方法对学生以后的阅读都是有价值的。

接下来，老师从对6个词语的理解，巧妙过渡到“娇、婴”两个生字的书写指导。老师安排的这两个字很有特点，那就是“女”做不同的偏旁写法是不一样的。正如老师总结的带女字旁和女字底的汉字的书写口诀：

> “女”字在左窄而长，横变提，要谦让；
> “女”字在下扁而宽，横伸长，要托上。

王老师的字词教学让学生学到的是语言规律，培养了理解语言的能力。这些也正是学生需要启发帮助的地方。

（二）句子教学巧用资源，落实语文要素

《肥皂泡》一课是第六单元的一篇精读课例。该单元的语文阅读要素是运用多种方法理解难懂的句子。课后第二题就是在落实该语文阅读要素的学习：课文中有一些句子不容易读懂，如“五色的浮光，在那轻清透明的球面上乱转”。在课文中找一找，说说这些句子的意思。我们一起回忆一下王老师对该句子的教学。

> 自由地朗读课文的第4自然段，画一画自己最喜欢的句子，想一想冰心笔下的肥皂泡美在哪里？

预设一：肥皂泡美在它的颜色。

> 这肥皂泡，吹起来很美丽，五色的浮光，在那轻清透明的球面上乱转。

作者在同一个句子里用了"五色的浮光"和"轻清透明"两个表示颜色的词来描写肥皂泡，这是为什么？请看冰心其他作品中的两个句子。

> 句子一："我们这里也是漾出晴光，就是柳叶舒青，杏花怒放了！"

这是冰心在《再寄小读者》中描写的北京春天的句子，在这幅画面里，这柳叶的颜色是——绿色，这怒放的杏花颜色是——粉色，一绿一粉、一深一浅，相互映衬，把这春天的画面装扮得多么美！

> 句子二："天空中已出现了鱼肚白色，灿烂的朝阳，不久就要照到窗前的书案上了。"

这是冰心在《灯光》中描写的黎明天空的句子，这时天空的颜色是——鱼肚白色，灿烂的金色朝阳正在慢慢升起，这一深一浅两种颜色交相辉映，让这黎明前天空的画面看上去也是那么美。

再来读读文中这句话，"当这轻清透明的球面上泛起五色的浮光"，这才是肥皂泡独特的颜色之美！

以上句子的教学，既让学生读懂了句子，理解了肥皂泡颜色的美，又让学生感受到了冰心先生的语言特色，还让学生学到了抓关键词、展开想象理解句子的方法。学生为什么能有这些收获，得益于教师巧用文外资源，精心选择了冰心作品中的经典语句，得益于引导学生的阅读思考。

（三）多种方式创设情境，激发学习热情

冰心先生的《肥皂泡》有着浓浓的情，也有令人难忘的美的画面，教师根据教材文本的这些特点，通过语言渲染、示范朗读以及音乐、图片的引入，创设情境，激发了学生学习的热情。如第4自然段重点句子理解之后音乐、图片的引入，使课堂充满了美感，充满了浓浓情意，学生朗读充满了浓浓兴趣。

本课的教学处理也有问题，突出问题就是教师教的痕迹重，学为中心有待加强。

本单元的语文要素是“运用多种方法理解难懂的句子”。学生在三年级上册第二单元学习过“运用多种方法理解难懂的词语”，这为“理解难懂的句子”提供了良好的基础。《肥皂泡》这篇课文中，有些词句带有时代烙印，或者带有鲜明的个人语言特色，学生理解起来会有一定的难度，因此“在充分朗读的基础上，引导学生找出难懂的句子并运用多种方法进行理解”就是本节课的教学重点。王老师的教学设计就紧紧抓住了这个重点，亮点很多，非常值得我学习和借鉴。下面，我想和大家一起来赏析王老师对第3自然段和第5自然段中难懂句子的处理。

第3自然段，王老师抓住“作者是怎样做肥皂泡，又是怎样吹肥皂泡的”这个问题展开，让学生厘清段落中的长句子。在朗读这个长句子时，引导学生关注“放在、加上、和弄和弄”等描写做肥皂泡动作的词语，并提醒学生继续寻找“蘸上、吹起、一提”等一连串表示吹肥皂泡的动词，以此渗透“抓关键词”理解句子的方法，让学生较快地读懂作者是怎样做肥皂泡和吹肥皂泡的。

课标中明确指出：“阅读是运用语言文字获取信息、认识世界、发展思维、获得审美体验的重要途径”，“阅读教学应引导学生钻研文本，在主动积极的思维和情感活动中，加深理解和体验……”也就是说，了解作者写作意图与思路，体会作者情感，激起审美情趣，这一切都要依靠对文本语言文字的理解揣摩才能实现，而抓住关键词语来咬文嚼字，引导学生步步深入，与文本对话，是理解难懂句子的有效方法之一。

在前面学习的基础上，王老师继续通过提问“大家发现了哪些成功吹肥皂泡的技巧”，启发学生抓住“慢慢地、轻轻地”等关键词，并有意识地引导学生在朗读中体会作者动作的轻柔和心理的期待，切实体会到作者观察的细致与描写的精当。在指导朗读时，王老师还通过评价，让学生明白，学会抓住关键词语，不仅能把句子读懂，还能把句子读得更加生动。

这里有一个小的建议：在学生朗读的基础上，王老师如果引导学生尝试用自己的话说一说吹肥皂泡的具体过程，就更好了。这不仅是在完成课后练习题，而且“由读到说”的过程本身也是在帮助学生真正理解这个长句子，进一步达成教学目标。

小学语文教学的重要目标之一就是想象力的培养。学生在第五单元刚刚学习过"走进想象的世界，感受想象的神奇"，课堂上，王老师以"看到天空那美丽的肥皂泡，此时你心里在想什么"，引出了第5自然段的教学。冰心先生的作品，想象奇丽，语言飘逸，描写生动细腻，读起来常常就像是一首首小诗。在理解冰心先生奇妙想象的时候，王老师就结合她的语言风格，将连贯的语句巧妙地剪断，重新组合成若干组诗一样的短句，引导学生反复朗读、品味。文本的立意在学生有感情地朗读中自然流露，更能感受到作者对美好生活的向往。

阅读是吸收，写作是表达，读写结合是提升语文素养的重要途径。当学生通过情景朗读，走进梦幻般的泡泡世界时，王老师启发想象：这些轻清脆丽的泡泡，还有哪些美丽的去处？对于三年级学生而言，半开放的、格式化的小练笔提示，能给学生以思维方式的启迪、语言表述的引领，满足和提升不同学生的发展需求。

总之，一堂好课应该是关爱生命、关注发展的，王老师执教的《肥皂泡》正是这样一节好课。在课堂上，孩子们品味着语文学习给予他们的灵动，享受着课堂带给他们的快乐、骄傲和希望；我们也尽享其中，感受着语文教学带给我们的快乐、骄傲和希望……

童年最忆是温情

——《祖父的园子》教学实录及点评

课例获奖情况：

2019年12月，首届全国统编教科书优质课评选活动一等奖

【教学目标】

（1）会认“蚱”“晃”等10个生字，会写“蝴”“蝶”“蚂”“蚱”等13个生字。注意“明晃晃”“溜平”“锄头杆”等词语的读音。

（2）正确、流利、有感情地朗读课文，运用多种方法体会作者表达的思想感情，感受作者童年生活的自由和快乐，体会作者对祖父和园子的怀念。

（3）在阅读中学会关注作家的语言特色，感受萧红“平淡的叙事写景中蕴含强烈的抒情”的语言特色，激发学生阅读《呼兰河传》的兴趣。

【教学重难点】

运用多种方法体会作者表达的思想感情，感受作者童年生活的自由和快乐，体会作者对祖父和园子的怀念。

【教学实录】

（一）课前交流，游戏激趣

师：同学们，平时课余时间你们喜欢读书吗？

生：（纷纷点头）喜欢。

师：是啊，在我们小学五年的学习生活中你一定读了不少书，上课之前王老师想先和大家来玩一个游戏，我们来看书名，猜作家。

（课件出示书名：《小橘灯》）

生：《小橘灯》的作者是冰心奶奶。

师：特别棒，继续来看下一本书。

（课件出示书名：《城南旧事》）

生：《城南旧事》的作者是林海音。

师：是啊，同学们都读过这本书吗？

生：（纷纷点头）读过。

师：好，那这本书的作者是？

（课件出示书名：《呼兰河传》）

生：萧红。

师：对。同学们，萧红是中国近现代文学史上著名的女作家。（PPT出示萧红生平简介）其实对于萧红大家应该不会感到陌生，我们学过她的文章《火烧云》。《火烧云》跟今天我们要学习的课文《祖父的园子》都节选自萧红的同一部长篇小说——《呼兰河传》。《呼兰河传》是她的代表作。

> 萧红（1911—1942），中国近现代著名女作家。她的代表作品有长篇小说《呼兰河传》等。

师：呼兰河是萧红的故乡，《呼兰河传》写的是萧红故乡的人和故乡的事。那么在《祖父的园子》这篇文章中作者又记录了哪些难忘的人和难忘的事呢？今天我们就走进这篇文章一起去找一找答案。

……只因他们充满我幼年的记忆，忘却不了，难以忘却，就记在这里了。

——《呼兰河传》

生：（齐读课题）祖父的园子。

（二）检查预习，整体感知

师：同学们课前已经预习了课文和生字，老师想先来检查一下大家的预习情况，我们来听写几个词语。

（教师听写词语“蝴蝶”“蚂蚱”“蜜蜂”）

师：请同学们对照大屏幕检查自己的书写。

（学生对照大屏幕检查生字书写情况）

师：同学们有没有发现刚才王老师听写的这组词语有什么特点？

生：它们都带虫字旁，描写的都是园子里的昆虫。

师：是啊，祖父园子里的景物很多，通过预习，大家还找到了哪些？

生：还有樱桃树和李子树。

师：是啊，还有一棵神奇的——（生纷纷答）大榆树。

生：还有白菜、黄瓜、玉米。

师：是啊，这些是园子里的——（生纷纷答）农作物。我们一起来读一读这些词。

（课件出示词语，生一起读）

蝴蝶　蚂蚱　蜜蜂　蜻蜓

樱桃树　李子树　大榆树

白菜　倭瓜　黄瓜　玉米

师：同学们看，这些昆虫、植物、农作物都是祖父园子里的景物（教师相机板书：园中景），那同学们通过预习找到了“我”和祖父（教师相机板书：

园中人）在这座园子里都做了哪些事呢？

生1：他们在园子里种小白菜、浇小白菜。

生2：他们还栽花、拔草。

师：（课件出示相关词语）这就是园中人在园中做的一些有趣的事。（相机板书：园中事）

> 栽花　拔草　下种　铲地　浇菜

设计意图：通过交流"园中景""园中人""园中事"检查学生预习情况，整体感知课文，大体梳理文章的主要内容。

（三）细读文本，体悟情感

师：（手指板书）是啊，就是这样一座园子，在作者笔下它到底有什么特别之处呢？请同学们自由朗读课文，画出自己感受深刻的句子，在旁边做批注。（课件出示阅读提示）

> 自由朗读课文，想一想祖父的园子有什么特别之处，画出相关的句子，并在旁边做批注。

（学生自读文章，认真批注）

师：好，刚才同学们阅读得都非常认真，谁想来和大家交流一下？

生1：这座园子特别热闹，我是从第1自然段"我家有一个大花园，这花园里蜜蜂、蝴蝶、蜻蜓、蚂蚱，样样都有。蝴蝶有白蝴蝶、黄蝴蝶。这种蝴蝶小，不太好看。好看的是大红蝴蝶，满身带着金粉。蜻蜓是金的，蚂蚱是绿的。蜜蜂则嗡嗡地飞着，满身绒毛，落到一朵花上，胖乎乎，圆滚滚，就像一个小毛球，停在上面一动不动了"这几个句子中感受到的，园子里的昆虫特别多，特别热闹。

师：是呀，你特别会读书，抓住了关键句子读出了自己的感受。谁还想像她这样继续来分享？

生2：我从"花园里边明晃晃的，红的红，绿的绿，新鲜漂亮"这个句子读出了这还是一座特别漂亮的园子。

生3：我从“一切都活了，要做什么，就做什么。要怎么样，就怎么样，都是自由的。倭瓜愿意爬上架就爬上架，愿意爬上房就爬上房。黄瓜愿意开一朵花，就开一朵花，愿意结一个瓜，就结一个瓜。若都不愿意，就是一个瓜也不结，一朵花也不开，也没有人问它。玉米愿意长多高就长多高，它若愿意长上天去，也没有人管”读出这座园子特别自由。

师：是啊，刚才这三位同学抓住了描写“园中景”的部分读出了这是一座特别热闹、特别漂亮、特别自由的园子。那谁能抓住描写“园中事”的部分来谈一谈自己的感受？

生3：我从“祖父戴一顶大草帽，我戴一顶小草帽；祖父栽花，我就栽花；祖父拔草，我就拔草。祖父种小白菜的时候，我就在后边，用脚把那下了种的土窝一个一个地溜平。其实，不过是东一脚西一脚地瞎闹。有时不但没有盖上菜种，反而把它踢飞了”读出了作为园子里的小主人，“我”特别调皮。

生4：我也从“一抬头，看见一个黄瓜长大了，我跑过去摘下来，吃黄瓜去了。黄瓜还没有吃完，我又看见一只大蜻蜓从旁边飞过，于是丢下黄瓜追蜻蜓了。蜻蜓飞得那么快，哪里会追得上？好在也没有存心一定要追上，跟着蜻蜓跑几步就又去做别的了。采一朵倭瓜花，捉一个绿蚂蚱，把蚂蚱腿用线绑上，绑了一会儿，线头上只拴着一条腿，蚂蚱不见了”这几个句子读出小萧红在园子里特别自由、特别开心。

师：同学们自己读书就有这么多的发现，看来祖父的这座园子确实有它的特别之处。刚才老师看到好多同学都标画出了描写园中景物的这一段，我们一起来读一读。（课件出示课文第17自然段）

> 花开了，就像睡醒了似的。鸟飞了，就像在天上逛似的。虫子叫了，就像虫子在说话似的。一切都活了，要做什么，就做什么。要怎么样，就怎么样，都是自由的。倭瓜愿意爬上架就爬上架，愿意爬上房就爬上房。黄瓜愿意开一朵花，就开一朵花，愿意结一个瓜，就结一个瓜。若都不愿意，就是一个瓜也不结，一朵花也不开，也没有人问它。玉米愿意长多高就长多高，它若愿意长上天去，也没有人管。蝴蝶随意地飞，一会儿从墙头上飞来一对黄蝴蝶，一会儿又从墙头上飞走一只白蝴蝶。它们是从谁家来的，又飞到谁家去？太阳也不知道。

师：请同学们找一找这一段作者都写了园中的哪些景物？

生：花、鸟、虫子、倭瓜、黄瓜、玉米、蝴蝶。

师：这么多的景物，那请同学们再来自己读读这段话，找一找作者笔下哪种景物最打动你，把它画出来。

（生自读第17自然段，圈画最打动自己的景物）

师：老师看到好多同学都有了自己的选择，我来随机采访一下吧。（老师随机选择一位学生）最打动你的句子是哪一句？

生：最打动我的句子是描写蝴蝶的句子。

师：那请你把描写蝴蝶的句子读给大家听一听。

（生有感情地朗读描写蝴蝶的句子）

师：读得真生动，读着这个句子你仿佛看到了什么画面？

生：我仿佛看到一群蝴蝶自由地在园子里翩翩起舞。

师：是呀，阳光下，它们扇动着那色彩斑斓的双翅，有的停在花朵上屏息凝神；有的在花丛间轻盈地飞逐，一会儿飞来一对黄蝴蝶，一会儿飞走一只白蝴蝶，多么美，多么快乐的画面呀！谁再来读读？

生："蝴蝶随意地飞，一会儿从墙头上飞来一对黄蝴蝶，一会儿又从墙头上飞走一只白蝴蝶。它们是从谁家来的，又飞到谁家去？太阳也不知道。"

师：读得多么美、多么自由啊！同学们，可不仅仅是这些漫天飞舞的蝴蝶呀，园子里这些会开的花、会飞的鸟、会叫的小虫子们，也都是一幅幅自由快乐的画面。谁想来读一读?

生1：“花开了，就像睡醒了似的。鸟飞了，就像在天上逛似的。虫子叫了，就像虫子在说话似的。”

师：同学们看，这些小花正在偷偷地吐出花蕊，悄悄地伸着懒腰呢。读第一个句子声音应该再——（生答）轻点，语速应该再——（生答）慢点。谁再来读读?

生2：（声音变轻、语速变慢）“花开了，就像睡醒了似的。”

师：是啊，小鸟、小虫子们都出来快活了！一起来读！

生：（齐读）“鸟飞了，就像在天上逛似的。虫子叫了，就像虫子在说话似的。”

师：同学们看，一幅幅自在悠闲、无拘无束的画面，通过我们的朗读就展现在了眼前。

师：谁来继续分享打动你的景物?

生：“倭瓜愿意爬上架就爬上架，愿意爬上房就爬上房。”

师：是啊，多任性的倭瓜！这园子里这么任性的植物可不只有倭瓜，还有……

生1：还有黄瓜!

生2：还有玉米!

师：是啊，园子里到处都是这样的生机勃勃，这样的悠然自得，怪不得作者会这样说……

生：（齐读）“一切都活了，要做什么，就做什么。要怎么样，就怎么样，都是自由的。”

师：同学们，读到这里，你们想不想看看这园中的景象?

（生纷纷点头）

师：老师请一位同学伴着音乐给大家读一读。

（师请一位学生伴着诵读视频诵读第17自然段）

设计意图：通过想象画面的方法指导学生感受园中景物的生机勃勃和自在悠闲，体会文中“一切都活了，要做什么，就做什么。要怎么样，就怎么样，都是自由的”这句话所描绘的园中景象，读出园中景物的快乐美好和自在悠闲。

师：老师看到好多同学都沉醉在了这自由、美好的画面里。同学们有没有发现作者在写这些景物时有什么特点？

生：这几个句子里出现了很多次"愿意……就……"。

师：（课件中把"愿意……就……"都变红）是啊，短短的几句话就用了这么多次"愿意……就……"，会不会太重复、太啰唆了？而且同学们看，这几句都是近乎大白话的平淡的语言，老师觉得这样也不美，我想把它改得更简洁、更美一些。来看看老师写的。（课件出示句子）

> 倭瓜长蔓了，有的沿着花架往上攀，有的一直爬到了房顶。黄瓜有的开花了，有的结瓜了，这儿一朵，那儿一个。玉米也伸展着腰肢，向着天空微笑。

师：对比原文你觉得谁写得更好？

生：我觉得原文写得更好，因为原文更能突出植物的自由，读起来也更生动、更有趣。

师：同学们都同意他的观点吗？

（生纷纷点头）

师：哦，原来这么平淡、这么重复的语言中竟然藏着这么强烈的感情，我们班的同学可真会读书，这就是萧红的语言特色——平淡的叙事写景中蕴含强烈的抒情。（板书：平淡的叙事写景中蕴含强烈的抒情）

师：许多文学大家也是像你们这样来评价萧红的语言特色的。（课件出示对萧红语言特色的评价）

> 著名学者赵园先生是这样评价的："单调而又重复使用的句型，同义反复、近于通常认为的废话，然而你惊异地感到情调正在其中。"
>
> 北京大学钱理群等几位教授是这样评价的："善于捕捉人、景的细节，并融进作者强烈的感情。"

师：同学们，阅读时关注作家的语言特色，可以帮助我们更好地体会文字背后的情感。关注作家的语言特色，这是一种非常好的读书方法。（板书：关注作家的语言特色，体会文字背后的情感）同学们，谁再来试着读读这组句子，把刚才我们体会到的这种景物的自由之情读出来？

（生纷纷举手，请一名学生有感情地朗读）

师：是的，这就是园中景物的自由。其实像这样平淡的叙事写景中蕴含强烈感情的文字课文里处处皆是。刚才在交流园子的特别之处时，许多同学也分享了一些“园中人”和“园中事”的场景，那就让我们也运用这种读书方法，再来挑选其中的一个场景一起读一读。这次我们换一换读书方式，师生接读一下好不好。

生：好。

师：祖父整天都在园子里，（生接）我也跟着他在里面转。

师：祖父戴一个大草帽，（生接）我戴一个小草帽。

师：祖父栽花，（生接）我就栽花；

师：祖父拔草，（生接）我就拔草。

> 祖父整天都在园子里，我也跟着他在里面转。
>
> 祖父戴一个大草帽，我戴一个小草帽。
>
> 祖父栽花，我就栽花；
>
> 祖父拔草，我就拔草。

师：祖父铲地！

生1：我就铲地！

师：祖父浇菜！

生2：我就浇菜！

师：谁还想仿照这个句式说一说？

生1：祖父挖土豆，我就挖土豆。

生2：祖父种小白菜，我就种小白菜。

师：同学们看，多简单的文字，我们都能一学就会。从这样几句简单、平淡的文字中，你们又体会到了什么？

生1：我体会到小萧红几乎与祖父形影不离。

生2：我觉得小萧红简直就是祖父的"跟屁虫"。

生3：我觉得祖父太宠爱小萧红了，不管她怎么调皮捣蛋，都不责骂她。

师：是啊，同学们，小萧红之所以能在园子里这样的无拘无束，随意地瞎胡闹，全是因为祖父对她那份浓浓的——爱（板书：爱）。正是因为有了祖父的爱，小萧红才能在园子里每天都这样的自由、这样的开心、这样的快乐。于是，在她眼里：

这园子里的倭瓜仿佛也变得像她一样——（生答）自由。

黄瓜也变得像她一样——（生答）自由。

这些花儿、鸟儿、小虫子、小蝴蝶都变得像她一样——（生答）自由。

师：（总结）怪不得古人会说，一切景语皆情语，原来作者借这些平淡简单的文字不是为了写这些景物的自由，而是为了抒发她自己内心这种强烈的——自由（教师板书：自由）。

师：那就让我们想象着小萧红在园子里那些自由快乐的画面，带着小萧红这种无拘无束、自由自在的心情，一起再来读读这段文字。

（生齐读课文第17自然段）

师：同学们看，这就是萧红的文字，看似平淡，看似简单，看似重复，背后却藏着她的喜，藏着她的情。

设计意图：通过集体品读描写园中景物自由的段落，感受作者"平淡的叙事写景中蕴含强烈的抒情"的语言特色，学习并运用"关注作家语言特色"的读书方法，体会萧红在这些看似平淡简单的文字背后藏着的强烈的内心情感。同时引导学生综合运用前面学过的抓关键词句、有感情地朗读、借助具体事物、结合资料以及品味印象深刻的场景等多种体会文章表达的思想感情的方法。

（四）总结拓展，推荐阅读

师：同学们，其实同样是像这样平淡的、有些重复的语言，同样是园子里的这些景物，在《呼兰河传》这部小说的尾声部分又一次出现了，请同学们静静地读一读这段文字。

呼兰河这小城里边，以前住着我的祖父，现在埋着我的祖父。

我生的时候，祖父已经六十多岁了，我长到四五岁，祖父就快七十了。我还没有长到二十岁，祖父就七八十岁了。祖父一过了八十，就死了。

从前那后花园的主人，而今不见了。老主人死了，小主人逃荒去了。

那园里的蝴蝶、蚂蚱、蜻蜓，也许还是年年仍旧，也许现在完全荒凉了。

小黄瓜、大倭瓜，也许还是年年地种着，也许现在根本没有了。

……

这一些不能想象了。

（生默读文章）

师：此时，我们再来读读文章中这段反复读过的文字，你又有什么新的体会？作者借这段景物描写仅仅是在抒发自己的自由和快乐吗？

生：这些景物描写中可能还蕴藏着作者对祖父的怀念和对园子的怀念。

师：同学们说得对，老师带来了萧红的一段生平介绍，我们一起来看一看，或许你就可以理解她为什么会对祖父、对这座园子那么怀念了。

（播放萧红生平简介的微课）

师：（总结）当躺在病榻上的萧红拿起手中的笔，写下这段文字时，有对童年时代那份自由和快乐的向往，更有着对祖父无比的爱与怀念。（板书：怀念）

师：同学们，其实这座园子（手指板书）就恰如呼兰河一样，成为萧红人生历程中一个永不磨灭的印记。《呼兰河传》是一部回忆录，关于故乡，关于童年，正如萧红自己所说：它没有轰轰烈烈的故事，只有娓娓道来的叙述；没有华丽辞藻的修饰，只有朴素情感的流露。就如同这些看似平淡的文字，让我们体会到的是自由、是怀念，当然也许还有许许多多的情感也融进了这些平淡的景、平淡的事中，或许有孤独有寂寞，当然有温暖也有希望。课下让我们继续去阅读萧红与祖父的故事，继续去阅读《呼兰河传》吧，你可能会体会到文字背后更多的情感……

师：好，下课！

设计意图：总结课堂收获，激发学生课下阅读《呼兰河传》的兴趣。

【教学解读】

聚焦方法 体悟情感

《祖父的园子》是统编版语文五年级下册第一单元的一篇精读课文。本单元以"童年往事"为人文主题，编排了四篇文章，分别是《古诗三首》《祖父的园子》《月是故乡明》《梅花魂》，本单元的阅读训练要素是"体会课文表达的思想感情"，表达训练要素是"把一件事的重点部分写具体"。

《义务教育语文课程标准（2011年版）》在"总体目标与内容"中提出"有较为丰富的积累和良好的语感，注重情感体验，发展感受和理解的能力"。在第二学段的"学段目标与内容"中提出"能初步把握文章的主要内容，体会文章表达的思想感情"。在第三学段的"学段目标与内容"中提出"在阅读中了解文章的表达顺序，体会作者的思想感情，初步领悟文章的基本表达方法"。统编版语文教科书分别在四年级下册、五年级上册、五年级下册的五个单元中以"体会课文表达的思想感情"为阅读训练要素对这一学习目标进行了有序的指导与落实。

《祖父的园子》节选自萧红的回忆式长篇小说《呼兰河传》，统编版语文三年级下册就编排过节选自这部小说的课文《火烧云》，因此学生对萧红应该并不陌生。《祖父的园子》洋溢着浓浓的自由气息，作者用自然平淡、清新活泼的语言风格勾勒出了她童年时代与祖父在园子中的欢快场景，祖父给予萧红的爱和自由，让那座平淡无奇的园子也显得那么独特，那么有灵性，那么自由，让多年以后深陷苦难生活中的她回忆起童年时，笔调依旧如孩子般那么欢畅，那么温暖。

正如《中国现代文学三十年》这本书对萧红的评价，她的文章"自由地出入于现时与回忆、现实与梦幻、成年与童年之间，善于捕捉人、景的细节，并融进作者强烈的感情气质"，她把自己的情融进了那些平淡的景、平淡的事中，文字简单朴素，不华丽，却在“稚拙与朴实”中让人惊异地感到“情调”正在其中。萧红这种“平淡的叙事写景中蕴含强烈的抒情”的语言特色，加之她那坎坷的人生经历以及《呼兰河传》这部小说特殊的写作背景，让《祖父的园子》这篇文章蒙上了多种感情色彩，既有对童年时代那份自由与快乐的回忆和向往，也有在人生艰难时期对祖父和园子无比深切的爱与怀念，既有现实的孤独与寂寞，亦有精神上的温暖与希望，多种情感相互交织。

教学本课时笔者主要通过想象画面体会景中之情、品读场景感受事中之情、关注语言感悟言外之情、补充资料体味文外之情等方法指导学生品读体会其中的丰富情感（具体内容见本书中篇“智美语文”的课堂特征），获得思维的发展和情感的熏陶，激发学生阅读名作的兴趣。

【教学点评】

在阅读教学中实现“智”“美”统一

淄博市教学研究室　丁华芳

作为小学高年级阅读教学课，王伟老师执教的《祖父的园子》一课从语文课程“工具性与人文性统一”的基本特点出发，从统编教材人文主题与语文要素“双线组织单元”的结构特点出发，从独具个人语言特色的名家文本特点出发，从学生已有的知识和能力出发，教学设计和教学实施力求真实、扎实、朴实，既有效地传递语文知识、落实语文要素，促进学生知识的积累和阅读能力的提升，又通过这样优秀的名家作品唤醒学生的心灵、丰富学生的情感体验、促进学生的精神成长，有效地实现“言语习得”与“精神哺育”的相互融合，促进了学生“智”与“美”的和谐发展。

《祖父的园子》作为一篇经典文章，曾入选多个版本的小学语文教材，如何实现“旧文新教”，发挥文本在新教材中的作用，是教学这篇课文要重点思考的问题。从教学中我们可以看到王老师在课堂中有意识地实现了两个“转变”：一是从略读课文到精读课文的转变；二是紧扣统编教材语文要素，找准教学目标。由于之前这篇文章多作为略读课文选编，许多名师对这篇经典文章的教材解读与教学设计呈现出多元化的特点，但是本次统编教材的选编将其阅读要素明确定位为“体会课文表达的思想感情”，既指明了教学方向，也明确了教学任务。

先来回顾王老师的教学过程：导入环节“看书名猜作家”的小游戏有利于激发学生学习兴趣，通过补充作者生平简介有益于拉近学生与作家的距离，引领接下来教学环节的创设与开展。《祖父的园子》行文过程中没有鲜明的叙事线索，不易按照六要素法概括课文内容，因此教学时王老师引导学生通过交流“园中景”和“园中事”大体梳理文章脉络，同时也让学生对萧红这种“散文化小说”灵活自由的行文结构有了一定的认识与了解。品读感悟环节王老师引导学生综合运用前面学过的想象画面、抓关键词句、有感情地朗读、借助具体事物、结合资料以及品味印象深刻的场景等多种方法体会文章表达的思想感情。同时通过对比阅读，感受作者“平淡的叙事写景中蕴含强烈的抒情”的语言特色，学习并运用“关注作家语言特色”的读书方法体会萧红在这些看似平淡简单的文字背后藏着强烈的内心情感。最后，通过播放有关萧红生平的微课，让她真正地走进了孩子们的内心，激发了学生阅读《呼兰河传》的兴趣。

回顾总结，王老师本节课例的成功主要得益于以下几点。

首先是抓住教学重点，落实语文要素。这篇课文内容浅显，文字简单，对于学生来说读懂内容较易，但是从这些平淡的叙事写景的文字背后走进作者的内心，感受这些简单的、自然的甚至有些重复的语言在表情达意中的作用，进而体会文字背后的情感可能会稍有困难。教学中王老师着力通过引导学生运用多种方法从平淡的叙事写景中感受作者强烈的抒情，体会文章表达的情感，从而有效地达成了教学目标，完成了教学任务，落实了语文要素。

其次是抓住语言特色，品味独特韵味。这篇课文之所以适合孩子们阅读，正是因为萧红用一颗孩子的“心”在描写自己的童年。在整个教学过程中，王老师始终抓住语言这个阅读教学的关键，以“读”为语言学习的主要行为，引导学生品味、感悟、思考、探究、自主地发现文字所传达出来的情感。萧红的语言独特、平实、鲜活、有个性，她那叙事的诗化特点、别致的语言韵味、独特的言语风格，令人陶醉。教学中王老师通过多种策略引导学生关注作家的言语特色，感受萧红这种几乎不加修饰的原生态的语言之美，体会语言的视觉美、听觉美和画面美。

最后是立足写作背景，促进生命成长。“一篇叙事诗，一幅多彩的风土画，一串凄婉的歌谣。”这是大作家茅盾对《呼兰河传》这部作品的评价。在20世纪30年代的文坛上，年轻的女作家萧红这部书以她清新自然的笔触描绘了东北边陲小镇呼兰河的风土人情，展示了女作家独特的艺术个性，为世界文苑开出一朵美而不艳的奇葩。在本课教学中，教师通过引入文外资源、播放微课等方法，让学生走近萧红，走进《呼兰河传》，让学生感受一种与众不同的童年生活，发挥学科育人价值，促进生命成长。

纵观整节课的教学，王伟老师着力引领学生真实地触摸文本，紧扣文中关键字、词、句，不断地品味、感悟、内化，使学生实实在在地对文本进行个性化的解读，让学生在得到语言文化熏陶的同时，习得阅读策略和方法，获得语文素养的全面提升。

信念是黑暗中的光亮

——《厄运打不垮的信念》教学实录及点评

课例获奖情况：

2016年12月，山东省小学语文德育优秀课例评选活动一等奖

【教学目标】

（1）正确、流利、有感情地朗读课文，会认读本课生字，正确美观地书写"博"等字。

（2）结合上下文，体会关键词句在表情达意上的特点和作用，初步了解夹叙夹议的写作方法。

（3）感受谈迁在逆境中不屈不挠的意志和坚定不移的信念。懂得在人生的旅途中，只要有信念，就会有希望的道理。

【教学重难点】

体会关键词句在表情达意上的特点和作用，感受谈迁在逆境中不屈不挠的意志和坚定不移的信念。

【教学实录】

（一）谈话导入，激发兴趣

师：同学们，我们又见面了，王老师听说我们班的同学都特别爱读书，是不是？

生：是。（笑）

师：好，谁来和大家交流交流你最近读了哪本书？

生：《三国演义》。

师：喜欢读历史名著的男孩子，能不能再和大家交流交流书中哪个人物给你留下了深刻印象？

生：刘备。因为他不用武艺征服别人，用仁德来取得别人的信任。

师：说得很好。（生纷纷举手）还有这么多想交流的，看来我们班真是名不虚传哪！今天王老师也给大家带来一本书，这本书是——

课件：出示《史记》图片。

生：《史记》。（生一起说）

师：谁来说说你了解的这本书？

生：《史记》是汉代司马迁写的。

师：是呀，司马迁是我国汉代著名的史学家，我们可以用两个词来形容他的一生。

课件：出示词语“忍辱负重”“名垂青史”。

（生齐读）

师：今天我们要认识的这位历史人物也是一位史学家，他就是明末清初的史学家——谈迁。（师板书：谈迁）谈迁身上又有哪些不同常人的经历呢？下面就让我们一起走进他的人生故事。（师板书课题）

师：（手指课题）今天我们来学习一篇新的课文，齐读课题。

（生齐读课题，声音洪亮）

评析：课前通过交流学生最近阅读的书籍，创造轻松愉快的学习氛围；通过回顾《史记》和司马迁的相关知识，激发学生学习新课的兴趣。

（二）交流预习，整体感知

师：同学们预习了课文和生字，通过翻看预习单，老师发现本课要求会写的这7个生字中，“博”这个字笔画数较多，比较难写，很多同学都做上了标记，想不想把这个字写得更美观？

课件：出示生字“浙”“迁”“博”“抄”“锁”“挣”“诞”。

生：想。（频频点头）

师：好，下面我们就先来仔细观察这个字，书写时你有什么想要提醒大家的？

课件：出示生字“博”。

生：右边上半部分是横折，不要写成横折钩。

师：你观察得真仔细，提醒了大家一个易错笔画。

生：右边上半部分的点不要漏掉。

师：对呀，书写的时候要认真，不要漏掉笔画。

生：“博”是左右结构，要注意左窄右宽。

师：是啊，同学们观察得都非常仔细。其实要想写好“博”，写好右边的“寸”也是关键，我们来重点观察“寸”的书写。

课件：出示生字“博”，右边“寸”字的长横和竖钩变红。

师：看看这名同学书写时，“寸”的横有什么问题？

课件：出示一名学生预习单书写的“博”字。

生：它的横写得太短。

师：是啊，横作为右边的主笔一定要突出，这就叫“长横突出”。

课件：出示“长横突出”。

师：再来看看这位同学书写时竖钩的位置有什么问题？

课件：出示第二名学生预习单书写的“博”字。

生：起笔时太靠中间了。

师：对呀，那看看这样写可以吗？

课件：出示第三名学生预习单书写的“博”字。

生：不行，起笔又偏右了。

师：同学们，其实这个笔画的关键在于钩，下半部分含钩画的字，这个钩往往是整个字的支点，要想让字平稳端正，钩画收笔时尽量在整个字的中心线上，这就叫“支点居中”，所以竖钩起笔时我们要选好位置，可以适当穿插。

课件：出示“支点居中”。

师：请同学们看老师写这个字。（边范写边提醒书写口诀）“十字窄窄，甫收紧，长横突出，支点居中。”你们也试着在预习单“课堂收获”一栏再认真地把“博”字写两遍。

（生写字，师巡视指导书写，随机提醒写字姿势“头正、身直、肩平、足安”）

师：已经写完的可以对照大屏幕同桌之间互相交流评价一下。

（生同桌互评）

师：老师看到经过仔细观察、用心书写，许多同学都有了很大进步！预习了课文，谁能说说课文围绕谈迁主要写了什么事？

生：课文主要讲了谈迁从小就立志要编写一部翔实可信的明史，他花了20多年终于写成，却被小偷偷走了，他又花了几年时间重新撰写了一部。

师：你真厉害，短短的几句话就把谈迁的一生概括了出来。其实，课文就是围绕谈迁写了三件事，谁来用自己的话说一说？

生：第一件事是谈迁第一次写《国榷》。第二件事是他的书稿被偷了。第三件事是他重新撰写《国榷》。

师：是啊，我们可以简单地概括为“初次著书”“书稿被盗”“二次著书”。（师板书“初次著书”“书稿被盗”“二次著书”）

评析：有效的语文课堂教学是建立在学生“先学”的基础上的。本环节通过交流课前生字预习，指导学生书写本课较难书写美观的生字“博”，学生结合预习单先观察字形，教师再做重点指导，有效地提高了写字教学的效率。通过交流课文主要内容，引导学生整体感知文本、厘清文章脉络，为细读文本做好铺垫。

（三）细读文本，品析人物

师：（手指板书“初次著书”）谈迁28岁时就立志编写一部翔实可信的明史，（手指板书“二次著书”）直到60多岁才完成了心愿，在两次著书过程中他分别付出了哪些艰辛的努力？下面我们来默读课文，标画出有关的句子，在旁边写写你的感受。

（生读书约5分钟）

1. 读出数字背后的“情”

师：从刚才专注的神情中老师看得出同学们读得都特别认真，谁想来读一读“初次著书”这个段落中你标画的语句，并谈谈感受？

课件：出示课文第1自然段。

生：“有一次，为了抄一点史料，竟带着干粮走了一百多里路”，我从这个句子中看到了一个为了编书奋不顾身的谈迁。

师：把你的感受融到这个句子里，再读给大家听。

（生读句子）

师：就像这样，读句子谈感受，谁再接着谈？

生：“但由于他家境贫寒，没有钱买书，只得四处借书抄写”，从这一句中我感受到虽然谈迁家境贫穷，没有一个好的学习环境，但他依然刻苦好学，不惜四处借书抄写，这也能看出谈迁不被困难打倒的信念，我看到的是一个刻苦好学的谈迁。

师：是啊，这个四处借书抄写的谈迁是一个刻苦好学的谈迁。把你的感受也融到这个句子里，再读给大家听。

（生读句子）

师：谁来继续交流？

生：我找到的句子是“经过20多年的奋斗，6次修改，谈迁终于在50多岁时完成了一部400多万字的明朝编年史——《国榷》”，从这个句子中我感受到谈迁编写《国榷》经历了许多艰辛，非常的不容易。

师：你对这个句子感受特别深。谁还标画了这个句子？

（生纷纷举手）

师：看来大家都对这个句子感受比较深，自己再读读，想想这句话有什么独特之处能如此打动我们？

课件：出示句子“经过20多年的奋斗，6次修改，谈迁终于在50多岁时完成了一部400多万字的明朝编年史——《国榷》。”

（生自读思考）

师：谁发现了这个句子的特点？

生：这个句子数字特别多。

师：是啊，你有一双慧眼，在这个短短的句子里竟然有四个数字。

课件：出示数字“20”“6”“50”“400”。

师：同学们，一个简单的数字背后也可能躲藏着一个世界，这些原本枯燥无味的数字，来到课文这个句子中，又会有什么不一样的味道呢？抓住其中的一个数字，谈谈你的感受，谁来说？

课件：出示句子“经过20多年的奋斗，6次修改，谈迁终于在50多岁时完成了一部400多万字的明朝编年史——《国榷》。”（数字变红）

生：从“400多万字”可以看出字数很多，说明谈迁付出了很多心血。

生：从“20多年”看出谈迁写作时间很长，坚持不懈。

生：从“6次修改”看出谈迁追求完美、精益求精。

师：同学们，读着读着，这些不再是简单的数字，我们竟然还读出了情感，读出了味道，读出了一个为了信念而坚持不懈、精益求精、历经艰辛、刻苦好学的谈迁。带着我们的感受，再来一起读这个句子。

（生带着感受读句子，重读数字）

2. 读出词语背后的“画”

师：体会了谈迁第一次著书的不容易，那在第二次著书中他又付出了哪些艰辛的努力？你又画出了哪些语句？谁来交流交流？

课件：出示课文第3自然段。

生：我画出的句子是“为了使这部书更加完备、准确，59岁的谈迁携带着书稿，特地到了明代的都城北京”，谈迁此时已经年近花甲了，但他为了理想，不顾自己体弱多病的身体，还是坚持自己内心的信念，不惧孤独，不惧年老体弱，坚持完善新《国榷》，从中我看出一个不怕吃苦的谈迁。

师：说得多好，带着你的感受再把这个句子读给大家听吧。

生：（深情地读）“为了使这部书更加完备、准确，59岁的谈迁携带着书稿，特地到了明代的都城北京。”

师：谁还想接着谈？

生：我标画的句子是“在北京的那段时间，他四处寻访，广泛搜集前朝的逸闻，并亲自到郊外去考察历史的遗迹”，谈迁不惧艰辛，为了使新《国榷》更加翔实可信而四处寻访，我看到的是一个不怕吃苦、严谨认真的谈迁。

师：是啊，此时谈迁在同学们心中的形象越来越高大了，谁还想接着谈？

生：我对这个句子感受特别深：“他一袭破衫，终日奔波在扑面而来的风沙中。面对孤灯，他不顾年老体弱，奋笔疾书，他知道生命留给自己的时间已经不多。”从中我读出了一个刻苦好学、百折不挠的谈迁。

师：读出了自己的感受。谁还标画了这个句子？

（生纷纷举手）

师：看来这个句子也特别打动人，就像刚才读数字的句子，自己再读读这两句话，看看这个句子又有什么特点？

课件：出示句子“他一袭破衫，终日奔波在扑面而来的风沙中。面对孤灯，他不顾年老体弱，奋笔疾书，他知道生命留给自己的时间已经不多。”

（生自读思考）

生：这个句子里有许多的四字词语。

课件：句子中的四字词语“一袭破衫、终日奔波、面对孤灯、年老体弱、奋笔疾书”变红。

师：是啊，这个句子里有许多的四字词语，我们一起来读一读，边读边想，这些四字词语都是描写什么的？

（生齐读四字词语）

生：都是描写主人公谈迁的。

师：同学们，可别小看了这些四字词语，一个词语就是一幅画，这些画面的主人公都是谈迁。谁来抓住其中的一个词语，说说你眼前浮现的画面？

生：“奋笔疾书”，我看到谈迁不怕寒冷，一个人在家里拿着笔快速地书写。

师：你看到了一个在快速写作的谈迁，这还是一个怎样的谈迁？

生：珍惜时间、珍惜生命的谈迁。

师：谁还想说从其他词语中读到的画面？

生：“年老体弱”，我可以看到谈迁此时头发已经花白、走路已经困难、写字已经很慢，但他依然在坚持写作。

师：谁还想继续说？

生：从“终日奔波”我看到谈迁虽然已经年老体弱了，却依然每天都在坚持收集史料、一刻不停歇。

师：是啊，这是一个不怕累的谈迁。读着读着，我们的眼前就浮现了这么多的画面，你想不想看看在北京两年多的时间里他都具体做了什么？

生：想。（频频点头）

课件：出示“据史书记载，顺治十年，59岁的谈迁携第二稿远赴北京。在北京两年多的时间里，他看的书达千册以上，走访了170多位明朝遗臣，共记逸闻301条，写诗302首，各种赋、文41篇”。

（生默读）

师：读了这些，你有什么感受？

生：他非常的珍惜时间，很了不起。

师：是啊，短短两年多的时间他就做了这么多，你能想象一位59岁、体弱多病的老人在北京的那些日子是怎样度过的吗？（音乐声起）

师：也许那天骄阳似火，当人们都在树荫下乘凉时——

生：（指名读）他一袭破衫，终日奔波在扑面而来的风沙中。（课件出示句子）

师：也许那天鹅毛大雪，当人们都在火炉前取暖时——

生：（指名读）他一袭破衫，终日奔波在扑面而来的风沙中。（课件出示句子）

师：又是一个中秋之夜，当人们都在合家团圆时，谈迁却在——

生：（指名读）面对孤灯，不顾年老体弱，奋笔疾书，他知道生命留给自己的时间已经不多。

师：又是一个新年之夜，当窗外欢歌笑语时，谈迁却在——

生：（指名读）面对孤灯，不顾年老体弱，奋笔疾书，他知道生命留给自己的时间已经不多。

课件：出示词语“一袭破衫、终日奔波、面对孤灯、年老体弱、奋笔疾书”变红。

师：读着读着，它们仿佛不再是一个个简单的词语，而是镌刻在历史深处的一幅幅画面。从这些画面中我们又读出了一个不怕苦、不怕累、不怕孤独、不怕病的谈迁。

师：这篇文章中描写谈迁的四字词语还有很多，课前也让同学们在预习单上积累了，谁再来分享分享你从其他的词语中读到的画面？

生：我从“茶饭不思、夜难安寝”这两个词语中仿佛看到谈迁《国榷》被偷后痛苦的样子。

生：我从“博览群书”这个词语中仿佛看到谈迁在认真地、一刻不停地读书。

师：是啊，同学们，借助词语想象画面也是一种读书的好方法，我们在阅读过程中可以运用。

3. 读出文字背后的“痛”

师：同学们，谈迁两次著书的经历我们读完了，我们来看一下，这两次著书经历你觉得哪一次更艰难？

（生纷纷说“第二次”）

生：（指名说）因为第二次著书时他已经50多岁，是一位体弱多病的老人了。

师：是啊，不止身体上他要承受体弱多病带来的苦恼，心理上他还要承受——

生：厄运的打击。

师：对啊，花了20多年才写完的书稿却在一夜之间不见踪影，这对谁来说都是厄运啊，那谈迁又是怎么做的？下面我们就来快速默读课文第2自然段，这段话又让你看到了一个怎样的谈迁？

（生快速默读）

生：我看到了一个面对困难而不放弃的谈迁。

生：我看到了一个坚强不屈的谈迁。

师：同学们都看到了一个面对厄运，坚强不屈的谈迁。想一想，当辛辛苦苦20多年的书稿终于完成时，我们看到的是一个什么样的谈迁？

生：兴高采烈的谈迁。

师：当一夜之间书稿被盗时，我们看到的是一个——

生：悲痛欲绝的谈迁。

课件：出示句子“他茶饭不思，夜难安寝，只有两行热泪在不停流淌。”

师：是啊，他——

（生齐读“茶饭不思，夜难安寝，只有两行热泪在不停流淌。”）

师：同学们，如果你就是谈迁，历经20多年辛辛苦苦写成的书稿被人偷了，你会怎样想？

生：命运怎么对我如此不公平啊！这可是我20多年的心血啊！

师：把你的心情融入句子里，再读句子。

生：（伤心地读）“他茶饭不思，夜难安寝，只有两行热泪在不停流淌。”

师：400多万字的书稿被人偷走了，你会怎样想？

生：我已经50多岁了，我的心血全不见了。

师：把你的心情也融入句子里，再读句子。

生：（悲痛地读）“他茶饭不思，夜难安寝，只有两行热泪在不停流淌。”

师：读到这里，大家想不想看看当时的谈迁到底有什么表现？

生：（纷纷点头）想。

课件：出示句子“噫，吾力殚矣！”

师：《国榷·义例》这一章中有这样一句话，他仰望苍天，长叹一声——

生：“噫，吾力殚矣！”

师：“唉，我的力气全用完了。”看来，书稿被盗对他来说真的是厄运啊！想象此时的谈迁正老泪纵横，心如刀绞，他——

课件：出示句子“茶饭不思，夜难安寝，只有两行热泪在不停流淌。”

（生齐读，语气悲痛）

师：你们不仅读出了声，还读出了情，让老师仿佛看到谈迁正无力地坐在那张破旧的书桌前泪如雨下。然而，他有没有被这个厄运打垮？

生：（坚定地）没有。

师：是啊，当很多人都以为他再也站不起来时，他却说——

课件：出示句子“吾手尚在，宁遂已乎？”（《清史稿·谈迁传》）

（生齐读）

师：同学们，让谈迁站起来的真的是他那双手吗？

生：不是，是他立志编史的信念。

师：是啊，为了这个信念他已经足足奋斗了20多年，他又怎么会轻言放弃？

评析：交流预习环节后，在学生初读文本的基础上，构建话题引导学生通过细读文本认真思考、悉心揣摩；探究交流过程中学生各抒己见，相互启迪。教师通过引导学生抓住文本特点，体会关键词句在表情达意上的特点和作用，洞悉语言的妙处与语言背后的深意，从而带领学生进一步感悟人物精神，使谈迁这个人物形象在学生心中慢慢丰满，在文本细读中品语明道、立德树人。

（四）关注文体，总结写法

师：又过了几年，新的《国榷》诞生了，谁来读一读？

课件：出示句子"新写的《国榷》共104卷，500万字，内容比原先的那部更加翔实、精彩，是一部不可多得的明史巨著！"

（指名读）

师：这是作者在议论《国榷》，再读读，仅仅是在议论《国榷》吗？

（生纷纷摇头）

生：作者是在通过《国榷》写谈迁。

师：是啊，这是作者在由衷地赞美谈迁！带着对谈迁的赞美再来一起读。

（生齐读句子）

师：同学们看，作者虽是在议论《国榷》，字里行间我们读到的却是对谈迁满满的赞美，这就是这篇写人记事文章的独特之处，作者在叙述谈迁一生经历的同时，还穿插了像这样表达自己观点的议论。这种写作方法就叫作叙议结合。（板书：叙议结合）

师：在叙述中穿插议论往往可以让人物形象更鲜明、作者观点更明确。文章里还有几处作者的议论，我们一起来看这句，当小偷偷走谈迁20多年才写完的书稿时，作者也忍不住心头的悲痛，发出了这样的议论——

课件：出示句子"20多年的心血转眼之间化为乌有，这对任何人来说都是致命的打击，更何况此时的谈迁已经是体弱多病的老人了。"

（指名读）

师：大家看，加上这样的议论让我们更能感受到谈迁当时悲痛的心情，也更凸显了能从这样的厄运中站起来正是因为他的心中有——

生：（一起说）信念。

课件：出示“信念”。

师：同学们，初读文本时我们也许只是被这份信念打动，经过这节课的细读文本，我们才发现原来托起“信念”二字的竟是文字背后这么多的谈迁精神！

课件：出示“坚持不懈、严谨认真、不畏艰辛、吃苦耐劳、珍惜时间、精益求精、不畏孤独、不屈不挠……”

师：我们要感谢谈迁，感谢他用他坚持信念、不屈不挠的一生让我们读懂了——

课件：出示句子“在漫长的人生旅途中，难免有崎岖和坎坷，但只要有厄运打不垮的信念，希望之光就会驱散绝望之云！”

生：（齐读，语气坚定）“在漫长的人生旅途中，难免有崎岖和坎坷，但只要有厄运打不垮的信念，希望之光就会驱散绝望之云！”

师：只要有厄运打不垮的信念——

生：希望之光就会驱散绝望之云！

师：像这样采用叙议结合的写作方法描写人物，读来感人至深的文章还有很多，老师推荐大家课下阅读描写英国女作家夏洛蒂·勃朗特的文章——《小草和大树》。

课件：出示“她的生命艰辛而又壮丽，像一朵傲放于风沙中的仙人掌花。——《小草和大树》”。

师：好，同学们，这节课我们就上到这里。

评析：阅读教学要聚焦“语言形式”，关注表达秘妙，体悟遣词造句、谋篇布局、表达方式、修辞方式以及文体特征，紧扣表达秘妙探究教学，才能真正提升语文能力，形成语文素养。在整体感知、细读文本的基础上，教师引导学生关注文章在写作方法上的特点，初步感受“叙议结合”这种写作方法的好处。

【教学解读】

以读促悟　情理相润

——谈执教《厄运打不垮的信念》

2016年12月，笔者在山东省小学语文德育优秀课例展评活动中执教了课例《厄运打不垮的信念》，荣获了省一等奖。这是参加工作6年来笔者第一次走出一所农村小学的校门参加讲课比赛。磨课的过程是短暂而又漫长的，回首那一个多月的准备过程，既有"山重水复疑无路"的迷茫困惑，亦有"柳暗花明又一村"的豁然开朗，从这堂课中获得的一些对语文课堂的认识与思考也正是"智美语文"教学主张形成的最初萌芽……

《厄运打不垮的信念》是苏教版五年级上册第六单元的一篇课文，单元主题是"百折不挠"。这篇课文记叙了明末清初史学家谈迁在困境中前后两次撰写明史《国榷》的感人故事，表现了谈迁在逆境中不屈不挠、持之以恒的坚强意志和毅力，文本故事感人至深，信念的力量激荡人心。《中小学语文学科德育实施指导纲要》中提出"语文学科实施德育主要通过阅读与鉴赏、表达与交流、梳理与探究等学习活动来进行，侧重于熏陶渐染、潜移默化"。因此语文课堂既要致力于培养学生的语言文字运用能力，又要重视语文教学的熏陶感染作用，在教学中通过文本的思想内涵教育启迪学生，自觉加强学科教学的德育功能，得意又得言，实现"工具性与人文性的统一"。

执教本课时笔者紧紧围绕关注表达技巧、紧扣语言形式展开教学，教学过程中引导学生主动参与、亲身实践、独立思考、合作探究，带领学生通过语言形式去深刻理解语言内涵、感受语言魅力；同时也充分挖掘文本中丰富的思想内涵，引导学生因文悟道，提升思想境界，凸显语文课堂的德育价值，用中华传统美德浸润学生的心灵。

首先，本课教学中笔者注重学生阅读思维能力的发展。具体表现在通过重点阅读"第一次著书"段落中数字集聚的句子、"第二次著书"段落中四字词语集聚的句子、"书稿被盗"段落中描写谈迁心理的句子，引导学生在理解课文内容的同时，体会句子的表达特点，关注文本的语言表达形式，发现和体会文章独特的语言之美。

在细读文本环节笔者首先以“在两次著书过程中谈迁分别付出了哪些艰辛的努力”为话题引导学生自读课文，集体交流时第一次著书过程着重抓住了文章的数字，引导学生读出数字背后的情。这篇文章虽是一篇写人记事的散文，却大量运用了类似说明文中列数字的方法来凸显谈迁第一次著书的艰辛，这也是该文写作上的一大特点，通过这些数字去想象和体会谈迁著书的艰辛，是对学生想象思维能力的一次重要训练。教学时笔者抓住“一点史料”和“一百多里路”这两个数字的鲜明对比，让学生深切地感受到谈迁的刻苦好学和执着坚强；又抓住“经过20多年的奋斗，6次修改，谈迁终于在50多岁时完成了一部400多万字的明朝编年史——《国榷》”这个句子中“20、6、50、400”这一连串的数字让学生想象体会这一个个简单的数字背后隐藏的含义。当这些数字单独放在那里时，它们可能只是一个个冰冷枯燥的符号，但是当它们走进谈迁的人生时，却有了温度，有了内涵，“20多年”几乎是一个古人三分之一的生命历程，“50多岁”让我们一下看到了20多年间谈迁从那个翩翩少年变成了一个两鬓斑白的老者，“6次修改”说明他不是为了草草了事，而是精益求精、追求作品的完美，而“400多万字”这几个简单数字的背后凝聚的却是谈迁一生的心血！语文教学主要侧重语言文字的学习，但是在文学作品中的数字描写却有独特的意义和韵味，关注数字的运用有利于发展学生的想象思维。

数字有温度，字词知冷暖，在体会谈迁第二次著书过程中的艰辛时，笔者着重引导学生阅读体会“他一袭破衫，终日奔波在扑面而来的风沙中。面对孤灯，他不顾年老体弱，奋笔疾书，他知道生命留给自己的时间已经不多”这个句子，从“一袭破衫、终日奔波、面对孤灯、年老体弱、奋笔疾书”这些四字词语中想象画面，想象他头发花白、走路困难却依然奋笔书写的画面，感受他家徒四壁、清贫穷苦却依然坚持理想的信念，此时这一连串的四字词语在学生的想象下也汇成了一幅幅谈迁的人生的画卷。为了更好地加深学生的理解和感悟，笔者通过创设情境进一步丰富学生的感悟：骄阳似火，当人们都在树荫下乘凉时，谈迁却一袭破衫，终日奔波在扑面而来的风沙中；鹅毛大雪，当人们都在火炉前取暖时，谈迁却一袭破衫，终日奔波在扑面而来的风沙中；中秋之夜，当人们都在合家团圆时，谈迁却面对孤灯，不顾年老体弱，奋笔疾书；

新年之夜，当窗外欢歌笑语时，谈迁却依旧在奋笔疾书……通过这样的层层推进，让谈迁的人物形象立于学生心中。

除了关注词语和句子的写作方法，教学中笔者还特别关注了这篇文章在篇章结构上的特点。通过重点阅读文章中穿插的作者议论的句子，引导学生关注文章的文体特点，初步感知叙议结合这种写作方法的好处，有效凸显了语文的课程价值，发展学生的阅读能力。这篇文章记录的是谈迁两次著书的经历，但是作者没有简单地记录谈迁的故事，而是在“情到浓处”的多个地方都加上了自己的评论与看法，如当小偷偷走谈迁20多年才写完的书稿时，作者也忍不住心头的悲痛，发出感叹，“20多年的心血转眼之间化为乌有，这对任何人来说都是致命的打击，更何况此时的谈迁已经是体弱多病的老人了”，当新的《国榷》诞生时，作者感叹：“内容比原先的那部更加翔实、精彩，是一部不可多得的明史巨著！”这样的句子虽然不多，却是画龙点睛的神来之笔，有效地拉近了谈迁与读者之间的距离，让学生跟随作者的文字也不由得发出感叹。这种夹叙夹议的写法是历史散文中一种常见的写法，因此在这里让学生对这种写法有一个初步的认识，也为接下来的初中语文学习打下了一个良好的基础。

其次，笔者在本课的教学过程中充分利用文本资源，使学生在阅读与鉴赏、表达与交流中感受人物形象、体会人物精神。通过两次著书经历的阅读交流，引导学生通过语言文字去感受信念的力量，从而使谈迁这个人物形象生动传神地映入学生眼帘，使谈迁精神丰满立体地印在学生脑海，实现了在诵读感悟、涵泳体验、对话交流中，在潜移默化的情感熏陶中，培养学生高尚的道德情操。“智美语文”课堂的“美”指向语言之美、文化之美、情感之美，这个教学理念在本课教学中也体现得淋漓尽致。谈迁著《国榷》的故事是我国的传统名人故事，承载着我国的历史文化之美，该文作者夹叙夹议的历史散文的写作风格，彰显着文章独特的语言之美，作者字里行间流露的对谈迁执着信念的赞美，更是熏陶感染着正在为理想和梦想拼搏奋斗的学生。因此整堂课笔者通过引导学生涵泳品读、咬文嚼字，将学生置身于浓浓的语文美的氛围中，有效地启发智慧、唤醒心灵、培养美感、传承文化。

当然整堂课中“智”与“美”是和谐统一的，“理”与“情”也是相互浸润的，汉字书写的指导既注重了观察能力和总结能力的培养，也注重了汉字书写美的提升；细读品悟环节在聚焦语言形式、关注表达秘妙中让学生体悟作者遣词造句、谋篇布局的巧妙，受到情感的熏陶，将思维的发展与情感的浸润融合在一起，相互映衬，才达到了“思维情感两相和”的教学效果。

【教学评析】

做好“统一”巧“渗透”

——以《厄运打不垮的信念》为例谈小学语文学科怎样进行德育渗透

周村区教育教学研究室　刘建华

王伟老师执教的《厄运打不垮的信念》，在山东省德育优秀课例展评活动中获一等奖。回顾这节课的教学，从老师的课前读书交流、写字指导、补充史料、老师的教学方法等方面均能看到德育渗透的影子。可以说，在语文课上，每个环节都可以有机地进行德育渗透。本文仅从怎样做到“工具性与人文性的统一”这一方面，以这节课为例，谈谈自己对德育渗透的理解。

语文课程是母语课程，是打基础的课程，语文教材中那些文质兼美的作品，本身就具有很强的人文思想内涵，语文学科在德育渗透方面，比其他学科更具有不可替代的优势。而做到“工具性与人文性的统一”这一点，是语文课上进行德育渗透最重要的一个方面。

《义务教育语文课程标准（2011年版）》中说：工具性与人文性的统一，是语文课程的基本特点。进行学科德育渗透，首先要把握好的是每门课程各自的课程性质。毕竟，每门课程都承担着不同的教育教学任务，语文课不是政治课，语文课程是一门学习语言文字运用的课程。语文教学的目的是在学生掌握语文知识，具备语文能力的基础上，自然适当地渗透思想道德教育。所以，在小学语文教学中进行德育渗透，用语文的方法很重要。

那么在教学实践中，如何做到工具性与人文性的统一？怎样掌握“统一”的分寸呢？

第一步，根据文章内容，确定德育目标。

《厄运打不垮的信念》一文，本身就蕴含着感人至深的情感，是一篇优秀的德育文本。文章记叙了明末清初史学家谈迁在困境中前后两次撰写明史《国榷》的感人故事，向我们传递：在漫长的人生旅途中，难免有崎岖和坎坷，但只要有厄运打不垮的信念，希望之光就会驱散绝望之云！根据文章的内容，确定最重要的德育目标是：使学生感受到谈迁身上不屈不挠、持之以恒的坚强意志和毅力，受到精神上的激励、感染，知道拥有坚强信念的重要性，自身也应树立远大的理想和信念。这个德育目标实际上就是三维目标中的情感态度与价值观目标。

第二步，认真钻研教材，确定学科语用点。

语文教学中，往往“教什么”比“怎么教”更重要。《厄运打不垮的信念》一文有什么特点？我们要“教什么”呢？通过研究文本，我们发现此文具有以下特点：

（1）“第一次著书”段落中列举的数字比较多。我们可以借助这些数字，读出一个坚持不懈的谈迁，初步感受文中的人物形象。

（2）“第二次著书”段落中运用的四字词语比较多。我们可以借助这些四字词语，想象画面，读出一个不怕吃苦、珍惜时间的谈迁，进一步感受文中的人物形象。

（3）“书稿被盗”时描写谈迁遭受致命打击的句子催人泪下。直接描写的句子有：“他茶饭不思，夜难安寝，只有两行热泪在不停流淌。”还有作者议论的句子：“20多年的心血转眼之间化为乌有，这对任何人来说都是致命的打击，更何况此时的谈迁已经是体弱多病的老人了。”加上作者这样的议论，我们可以深切地感受到谈迁的悲痛，也更凸显了人物形象的坚定、执着。这也是这篇文章写法上与学生已经学过的写人记事文章的不同。大多写人记事的文章，一般都是通过人物的外貌、语言、心理等描写方法刻画人物，而在描绘谈迁这个人物形象时，作者没有采用传统的外貌、语言、心理等描写方法，而是在平铺直叙的讲故事过程中采用夹叙夹议的写法让谈迁这个人物形象赫然屹立在读者面前，写法上具有鲜明的特点。

第三步，关注语言文字的学习和运用，采用语文的方法，做到学科语用点和德育渗透点的统一。

观察一节语文课是否很好地做到了学科教学和德育渗透的有机统一，第一个观察点是：这节课是否做到了德育内容与教学内容相契合。第二个观察点是：是否做到了德育内容在教学过程中得到了适时体现，采用了恰当的方式方法。第三个观察点是：学生对德育内容是否表现出了积极的接受态度，是否产生了内心的认同。这就需要教师抓教学过程，采用恰当的方法，把语文学习的工具性与人文性进行有机统一。

《山东省中小学德育课程一体化实施指导纲要》中说：“语文的学科特点，决定了中小学语文德育主要通过引导学生阅读、体验、感悟语言文字和参与其他语文实践活动来实施。”语文课，自然要用语文的方法，关注语言文字的学习和运用，细读文本、品析人物。这节课，王伟老师对三个学科语用点的处理，主要采用了以下策略：

（1）读出数字背后的“情”。引导学生借助“第一次著书”段落中的数字“20多年”，感受谈迁写的时间长，坚持不懈；“6次修改”，感受谈迁严谨认真、精益求精；“400多万字”，鸿篇巨制，谈迁真是刻苦认真！把这些感受融入句子里，借助这些具体的数字，学生就能把课文读好，一个坚持不懈的谈迁初步在学生心中立了起来。

（2）读出词语背后的“画”。在“第二次著书”的段落中，引导学生发现这个句子在表达上的特点，就是用了很多四字词语。再让学生抓住其中的一个，说说眼前浮现出什么画面。学生借助“一袭破衫、终日奔波、面对孤灯、年老体弱、奋笔疾书”等四字词语细读文本、认真思考、悉心揣摩，读出了谈迁的不怕苦、不怕累、不怕孤独、不怕病痛和珍惜时间。后面老师又采用了补充具有具体数字的史料、创设情境配乐朗读等方法，从而带领学生进一步感悟人物精神，使谈迁这个人物形象在学生心中慢慢丰满，在文本细读中品语明道，受到感染。

（3）读出文字背后的“痛”。叙议结合的表达是本课学习的重难点，需要通过第2自然段的学习进行铺垫。第2自然段中，通过读谈迁书稿被盗的句子，感受谈迁的悲痛。又走入谈迁内心，感受到正是有信念的支撑，才有了他第二次著书的经历。再读课文后面对《国榷》的介绍，就不仅仅是在评价《国榷》，也是作者在由衷地赞美谈迁！这就是这篇文章的独特之处，叙议结合的写法可以让人物形象更鲜明、作者观点更明确。然后再次回顾第2自然段，当小偷偷走谈迁20多年才写完的书稿，作者也忍不住心头的悲痛发出了这样的议论——“20多年的心血转眼之间化为乌有，这对任何人来说都是致命的打击，更何况此时的谈迁已经是体弱多病的老人了。”进一步感受叙议结合这种表达的好处：加上作者这样的议论，让我们深切地感受到谈迁的悲痛，也更凸显了能从这样的厄运中站起来，都是因为谈迁的心中有信念。这样聚焦语言形式，关注表达秘妙，有利于凸显语文的课程价值，发展学生的学习能力，形成语文素养。

总之，语文教学中的德育渗透，是一个对学生进行中华语言文字学习的同时进行心灵净化的过程，它蕴含在文章的字里行间，它与教师的发现、挖掘、利用、引导有着密切的关系，与学生的学习、感悟、体验与实践有着密切的关系。我们坚信：上好一节语文课，那里不仅有知识，还有诗和远方……我们要本着既教书又育人的意识和责任感，研究好教材，把德育渗透的盐融进语言文字学习的汤里，做好语文教学“工具性与人文性的统一”，把握时机、因文悟道，全面实现立德树人、培养学生核心素养的根本目标。

谁人得似牧童心

——《画家和牧童》教学实录及点评

课例获奖情况：

2017年8月，山东省青年教师素养大赛综合评比一等奖

【教学目标】

（1）会认“勇”“误”等17个生字，会写“抹”“挤”等12个生字；积累理解词语含义的方法；学习带有提手旁汉字的书写技巧。

（2）通过多种方式的朗读，品读课文，积累语言。

（3）懂得既要敢于给别人指出错误，也要虚心、知错就改的人物品质；在合作学习中发挥优良品质、学以致用。

【教学重难点】

品读课文，抓住重点词句，领悟并学习人物品质。

【教学实录】

（一）导入

师：同学们，你们平时喜欢读古诗吗？

生：（纷纷点头）喜欢！

师：那上课之前老师要考考大家，请你们来看图猜古诗。敢不敢挑战一下？

生：（充满自信地点头）敢！

师：好，先来看这幅图，谁猜出了它描绘的是哪首古诗？

（生观察图片，纷纷举手，请一生回答）

生：《清明》。

师：能不能说说你是怎么猜出来的？

生：这幅图中有一个坐在牛背上的牧童，他的手指向远方，就让我想到了"牧童遥指杏花村"这句古诗，所以这首诗应该是唐代诗人杜牧的《清明》。

师：你可真会观察！那你知道"牧童"是什么吗？

生：是放牛的小孩！

师：是啊，我们还学过一首描写牧童的古诗，谁猜出来了？（出示图片）

生：是《所见》。牧童骑黄牛，歌声振林樾。意欲捕鸣蝉，忽然闭口立。

师：你积累的古诗可真不少！同学们看这个一会儿高坐牛背、大声唱歌，一会儿又屏住呼吸，眼望鸣蝉的小牧童，是多么的顽皮可爱！

师：同学们，除了《所见》，袁枚先生还写过一首描写牧童的小诗，王老师请大家一起来读一读。（课件出示古诗《题画》）

（生齐读古诗："村落晚晴天，桃花映水鲜。牧童何处去？牛背一鸥眠。"）

师：同学们，"牧童"是唐诗宋词中一个经典的形象，古诗词中塑造的牧童世界，自由自在，无忧无虑，贴近自然，乐趣无穷。今天，我们就一起来读一个与牧童有关的历史故事，故事的名字就叫作《画家和牧童》。（课件出示课题）

师：伸出手指，和老师一起板书课题。

（生伸出手指，跟随教师书空课题，教师边书写边指导："画"字"田"要摆中间；"家"字宝盖头要大一点，才能遮风挡雨；"牧"字注意牛字旁最后一笔要变成提；"童"字的横画比较多，注意最长的是第二横）

师：好，我们来齐读课题。

生：画家和牧童！

（二）检查预习

师：刚才我们通过诵读古诗了解到了“牧童”就是放牛的小孩，那通过预习课文你知道课题中的“画家”指的是谁吗？

生：指的是戴嵩。

师：（出示词卡）这个“嵩”字由一个“山”字和一个“高”字组成，它的意思就是“山高而大”，我国有著名的五大名山，合称“五岳”，其中有一座被称作“中岳”的山就叫作“嵩山”。这个“嵩”字你们认识了吗？

生：（纷纷点头）认识了。

师：那谁来简单地说一说你课前收集到的有关戴嵩的资料？

（请一生分享课前预习单上收集整理的有关戴嵩的资料）

师：（课件出示戴嵩简介）是啊，戴嵩是唐朝画家。他画水牛特别有名，所画的《斗牛图》《三牛图》《归牧图》等作品被后人视为绝世之作。

> 戴嵩是唐朝画家。
>
> 他画水牛特别有名，所画的《斗牛图》《三牛图》《归牧图》等作品被后人视为绝世之作。

师：像戴嵩这样的大画家与一个整日放牛嬉闹的小牧童之间会发生什么故事呢？让我们一起走进课文去细细地读一读吧。

师：同学们课前已经预习了课文，文中有一些难读的字词我们一起来读一读。

（课件出示第一行词语，指名读）

> 教书　指教　斗牛　斗胆　中间　间隔

师：“间隔”这个词的字音他没有读准。我们借助一张图片来看一下，（出示图片：5棵笔直的白杨树，手指中间的一棵树）这棵树位于这5棵树的——（生答）中间，这5棵树之间的距离相等，我们可以说它们——（生答）间隔相等。

（课件出示“间”不同读音的不同含义）

“间”读一声：表示一个物体的位置。
“间”读四声：表示物体之间的距离。

师：（总结）“表示一个物体的位置”读作——（生答）中间，“表示物体之间的距离”读作——（生答）间隔。

师：所以同学们，多音字不同的音表示不同的义，我们要根据字的意思去识记它的读音，快来同位一起互相读读这组词吧。

（同位互相检查第一组词语的认读）

（课件出示第二行词语，指名读）

驱赶　购买　惭愧

师：你读的字音准确！“驱”是本课要求会认的生字，我们一起来看看这个字的甲骨文写法，你们观察到了什么？（出示图片）

甲骨文

生：像一个人在赶马。

师：是啊，同学们看，在古代这个“驱”就是“赶”的意思。汉语中有许多词语两个字表示的意思一样，除了查字典，我们还可以利用这种方法来理解词语的意思。大家看，“购”就是——（生答）“买”的意思，“惭”和“愧”都表示——（生答）心里很不好意思。

师：这种方法大家学会了吗？再来一起读一读。

（生齐读第二行词语）

（课件出示第三行词语）

夸赞　称赞　赞扬

师：王老师还要请大家来读一组词，你们发现这组词有什么规律吗？

生：都是近义词。

师：我们来读一读这些词语所在的句子。

围观的看了纷纷夸赞。
一位商人称赞道……
一位教书先生赞扬道……

（找三名同学指名读句子）

师：同学们看，这3个词语都有表扬的意思，都是写众人夸戴嵩的，那作者为什么要用3个词来表达？

生：这样读起来不会觉得重复！

师：是啊，其实除了这3个词，还有许多表达称赞别人的词，请同学们再来读读这几个词语。

赞不绝口　赞叹不已　交口称赞

（生齐读教师拓展词语）

师：同学们看，汉语的词汇是多么丰富，我们平时要注意分类积累，写作时才能避免重复使用，让句子表达更生动。

（三）精读品悟

师：那么，戴嵩究竟做了什么让大家对他赞不绝口呢？下面我们请一位同学来读第1~4自然段，其他同学要认真听，并仔细地想一想，从课文第1~4自然段中，你们看到了一个怎样的戴嵩？把相关的句子画出来。

> 自由读课文，想一想从课文第1~4自然段中，你看到了一个怎样的戴嵩？把相关的句子画出来。

（学生自读课文，圈画相关句子。教师巡视指导）

师：（看到大多数同学已经画好坐端正）谁来读一读你画出的句子？

生1：我画的句子是"他一会儿浓墨涂抹，一会儿轻笔细描，很快就画成了"，我从这个句子看到戴嵩画牛非常熟练，画得很快。

师：你特别会读书。谁还想继续分享？

生2：我画的句子是"看画的人没有不点头称赞的，有钱的人还争着花大价钱购买"，我从这个句子读出戴嵩画牛一定画得非常好，不然大家不会争着花大价钱购买。

师：是啊，你从围观人的表现读出了戴嵩画牛水平之高，你也特别会读书。

生3：我从"他的画一挂出来，就有许多人观赏"这句话想象到他画画的时候一定有很多人在旁边围着看，这么多人在观赏说明他画得一定非常好。

师：是呀，我们用课文里的一个词来概括戴嵩，他的画技高超，是一位——著名的画家。（课件出示课文第1自然段，"著名"一词变红）

> 唐朝有一位著名的画家叫戴嵩。他的画一挂出来，就有许多人观赏。看画的人没有不点头称赞的，有钱的人还争着花大价钱购买。

师：刚才许多同学都画出了这个句子（课件"他的画一挂出来，就有许多人观赏"变红），谁再来给大家读一读这个句子？

（指名读）

师：老师听到你把"一……就……"这几个词读得特别重，我们可不可以把这组小小的关联词语去掉？试着自己读一读。

他的画一挂出来，就有许多人观赏。
他的画挂出来，有许多人观赏。

生1：不能去掉，去掉了就读不出人们迫切想看画的心情。

生2：不能去掉，去掉了就不能突出戴嵩画牛的水平很高。

师：是啊，你们体会得都特别好。同学们看，小小的一组关联词语却有大作用，让我们也试着用上这组关联词语，给课文里的句子变变身吧。

看画的人一（　　），就（　　）。
有钱的人一（　　），就（　　）。

生1：看画的人一（看到画），就（点头称赞）。

生2：有钱的人一（看到画），就（争着花大价钱购买）。

师：特别棒！那同学们想不想看看这幅让大家点头称赞和花大价钱购买的《斗牛图》？（出示图片）

师：那这幅图是怎么画成的？谁找到了描写戴嵩画牛时动作的句子？

生：“他一会儿浓墨涂抹，一会儿轻笔细描，很快就画成了。”

师：在这个句子里有两个词语，一个叫作“浓墨涂抹”，一个叫作“轻笔细描”，这是国画中的两种技法。谁来猜一猜这幅斗牛图，哪里用的是浓墨涂抹的技法，哪里用的是轻笔细描的技法？

生：牛的腿部用的是浓墨涂抹的技法，牛角还有牛尾巴用的是轻笔细描的技法。

师：是啊，谁再来带着自己的理解读读这个句子？

（指名读）

师：我们读句子时如果注意读音的轻重变化和语速的快慢变化，就能读出感情、读得生动。

（教师范读，"一会儿浓墨涂抹"读的语速较快，声音较大，"一会儿轻笔细描"读的语速较慢，声音较小）

师：像老师这样，我们再来一起读读这个句子。

（生齐读）

师：刚才我们说了围观的人群一看到画就纷纷夸赞，你听——

> "画得太像了，画得太像了，这真是绝妙之作！"
> "画活了，画活了，只有神笔才能画出这样的画！"

师：一位商人称赞道——

生1："画得太像了，画得太像了，这真是绝妙之作！"

师：一位教书先生赞扬道——

生2："画活了，画活了，只有神笔才能画出这样的画！"

师：王老师觉得课文里的句子太啰唆了，把它们变成这样行不行？

> "画得太像了，这真是绝妙之作！"
> "画活了，只有神笔才能画出这样的画！"

生：不行，这样就表达不出人们看到画时的激动心情！

师：是啊，你看，我们的语言就是这么奇妙，重复性的语言有时不显得啰唆，反而能更强烈地突出人们的心情。请大家用上课前积累的词语，也运用语言的重复来夸一夸戴嵩吧！

生1：画得太像了，画得太像了，真是栩栩如生！

生2：画得太好了，画得太好了，真是活灵活现！

生3：画活了，画活了，真是妙笔生辉！

师：听着这么多的称赞，你们的心情怎么样？

生1：非常高兴！

生2：特别开心！

师：是啊，此时的戴嵩也正欢天喜地呢！如果此时你就是戴嵩，有人突然说你画错了，你会怎样？

生1：我会非常生气！

生2：我也会有些生气。

师：一个受人尊崇、堂堂的大画家，在那么多人面前，公然地被一个小牧童指出错误，他生气了吗？他恼羞成怒了吗？他是怎样做的？请同学们快速自读第5、6自然段，找一找你又看到了一个怎样的戴嵩。

（学生自读课文第5、6自然段，圈画相关词语和句子）

师：谁想来说一说？

生1：我从"这时，戴嵩把牧童叫到面前，和蔼地说：'小兄弟，我很愿意听到你的批评，请你说说什么地方画错啦？'"读出戴嵩不仅没有生气，反而还非常谦虚地询问小牧童。

生2：我从最后一段读出戴嵩非常感谢小牧童给他指出错误。

师：是啊，这个词读作——（生答）和蔼。

> 这时，戴嵩把牧童叫到面前，和蔼地说："小兄弟，我很愿意听到你的批评，请你说说什么地方画错啦？"

师：它的近义词是——

生：和气。

师：那想一想它的反义词应该是——

生：严厉。

师：同学们看，我们可以用找近义词和反义词的方法来理解词语的含义。那从他的哪些语言里你体会到了他对待小牧童很"和气"？

生：他说"我很愿意""请你"，说明他语气很和气，一点也不凶。

师：是啊，这真是一个虚心的戴嵩啊！让我们一起读句子，试着读出他和蔼的语气。

（生齐读句子，感受戴嵩的虚心）

师：再来看这个词语——（生读）惭愧。大家是怎么理解这个词的？

生：就是非常羞愧，心里很不好意思。

师：是啊，这两个字都带竖心旁，和心情有关。

> 戴嵩听了，感到非常惭愧。他连连拱手，说："多谢你的指教。"

师：戴嵩不光心里感到羞愧，他还做了一个动作——（生答）拱拱手。我们一起来做做这个动作！

（学生学做拱手的动作）

师："拱手"是中国古代的一种礼节，表示尊敬或感谢。像戴嵩这样一位著名的大画家，却向一个放牛娃行拱手礼，说明他非常尊敬这位给他指出错误的放牛娃，这真是一个虚心的戴嵩啊！谁来边做动作边读读这个句子？

（指名读）

师：通过这些描写语言和动作的词语、句子，我们读到了一个非常虚心、知错就改的戴嵩。

（板书：虚心、知错就改）

师：这个向戴嵩这样著名的大画家提出质疑的小牧童，如果请你用一个词来形容他，你会想到哪个词？

生1：勇敢。

生2：敢于发表自己的意见。

师：是啊，这个小小的牧童是多么的勇敢，他之所以敢于指出戴嵩的错误，正是源于他在放牛时的细心观察！多么虚心的一位画家！多么勇敢的一个小牧童！让我们用朗读来表达对他们的敬佩之情吧！

生：好！

师：小组内三人一组，分角色演读第5、6自然段。读对话时可以加上自己的理解，争取把人物演活了。

（学生小组内分角色朗读第5、6自然段）

师：哪个小组想给大家展示？

（随机请小组到台前展示）

师：刚才这两组同学朗读得都特别生动，特别有趣，我们把掌声送给他们！

师：优秀的品质我们不能只说不做。下面这个环节王老师就需要大家学习文中画家和牧童的优秀品质，既能敢于给别人提出意见，又能虚心接受别人的批评。让我们一起走进本课的书写指导。

（课件出示本课要求会写的4个带提手旁的生字）

师：本课要求会写的字中，带有提手旁的生字比较多，老师翻看预习单，发现许多同学书写得不美观，下面我们一起来看一看提手旁的书写方法。

师：谁来观察一下，我们如何把这几个字写美观？

生1：要注意左窄右宽。

生2：要注意关键笔画的位置，不能写歪。

生3：还要注意左右穿插。

师：是的，你们观察得都特别仔细！先来看提手旁的写法，它共有三笔，注意第一笔是短横，略向右倾斜，竖钩起笔略偏右，最后一笔斜提出笔偏左、收笔出尖，与短横齐平。书写时与右部分适当穿插，可以让整个字更显紧凑。

短横倾斜竖靠右，斜提偏左略出尖，左右穿插更美观。

（出示书写口诀，教师范写生字“抹”）

师：下面请同学们在预习单“课堂收获”一栏，把这几个生字认真地各写两遍。

（学生认真书写，教师巡视指导）

师：请同学们对照课前预习单上的书写，两两一组，互相检查指导，注意：既要敢于给别人指出错误，还要虚心接受别人的意见。

（同位两个人互相检查指导）

师：好，我们请一组同学来展示一下他们是怎样互相评价的。

生1：你这个带提手旁的字没有注意“左右穿插”，左右有些“分家”了，希望你下次能注意。

生2：谢谢你，我一定虚心接受你的批评，认真修改。

师：是啊，你看，相信通过这样的互相指导，同学们的书写一定会有飞速的进步。

（音乐声起）

师：其实，画家和牧童的故事还没有结束。自从牧童指出戴嵩的错误后，大画家虚心接受批评，下定决心要仔细观察牛的生活习性。（课件补充资料）

> 他经常去仔细观察牛的各种神态，向放牛娃了解牛的生活习性。春、夏、秋、冬四季，戴嵩总是常常出没在放牛的地方，他仿佛不怕冷，也不怕热。
>
> 戴嵩画牛，越画越好了。这时母亲见他因经常出去观察牛，晒得脸变黑了，人也消瘦了，就心疼地说："你现在画得很不错啦，以后不必再去观察牛了吧。"戴嵩心里说，还差得远呢。他仍继续去观察牛。

师：同学们，今天我们通过这样一个历史名人故事，体会了生动形象的语言表达，学会了深刻感人的人生道理。中华文明源远流长，上下五千年，还有许许多多这样有趣的历史名人故事等着你们去细细品读，课下老师推荐大家去读一读这本书（课件出示书名《写给儿童的名人故事》），相信大家会有更多的收获！

师：好，下课！

【教学解读】

以美启智　智美相融

2017年8月，笔者执教的课例《画家和牧童》荣获山东省青年教师素养大赛综合评比一等奖。《画家和牧童》这篇课文讲述的是唐代一个牧童勇敢地指出著名画家戴嵩画中出现的错误，戴嵩虚心接受批评的故事。课文以生动的叙述深深地吸引学生去朗读、去品味，使学生真切地感受到画家的虚心好学和牧童实事求是敢于向权威挑战的优秀品质。

《义务教育语文课程标准（2011年版）》中明确指出：阅读教学要彰显学生独特的感受、体验和理解，发挥学生在阅读中的自主性、积极性。语文阅读教学的过程是教师引导学生不断进行理解、积累、转化、运用语言的实践过程，教师应该为学生的语言实践与发展提供尽可能多的空间和机会，让学生在主动、积极的思维和情感活动中，加深理解和体验、感悟和思考。教学过程中，笔者认真研读文本，阅读教学始终紧紧围绕“著名”和“虚心”两个关键词展开，带领学生在朗读中体会关键词语表情达意的作用，学习戴嵩虚心求教的品质。

（一）古诗导入，激发学习兴趣

本课的课题是《画家和牧童》，“牧童”是本课的一个重要人物，那么“牧童”在古诗和古书中其实是一个非常常见的人物形象，很多孩子在还没有入学前就能背诵那几句脍炙人口的唐诗，如“借问酒家何处有，牧童遥指杏花村”，加之本课是一个历史名人故事，因此导入环节笔者采用古诗导入的方式，也十分契合这篇文章的历史文化韵味。在通过古诗进行导入时，笔者摒弃常见的出示几句古诗让学生读一读的方式，而是将读图与读诗相结合，先出示国画让学生猜一猜描绘的是哪首古诗，再吟诵古诗，通过《清明》《所见》《题画》三首古诗，牧童那顽皮、天真、可爱的形象跃然纸上，有效地激发了学生的学习兴趣，也在潜移默化中加强了学生的古诗积累，提升了学生的审美能力。

（二）初步走近戴嵩，理解“著名”

学生只有了解了戴嵩是一个技艺高超的著名画家，才可以进一步感受身为著名画家，地位可谓十分尊崇，在不绝于耳的赞美声中，能虚心听取一个小小牧童的意见，虚心之美德让人感动，同时牧童敢于挑战权威的实事求是精神，值得我们学习。因此，笔者设计的第一个问题是：“你从哪些词句看出戴嵩是个著名的画家？”

学生通过抓住“一……就……”“一会儿……一会儿……”等句式进行语言文字的实践；通过模仿围观人说话，培养学生的想象能力和口头表达能力。最后抓住课文中不同人物的语言作为训练重点指导朗读，引导学生把自己当作课文中不同的人物并表现不同人物的表情、动作及语言，使学生能够深刻地理解课文，感受戴嵩的"著名"。在这个教学过程中，笔者没有仅仅围绕课文内容做文章，而是通过紧抓句式，让学生在读与说中身临其境地感受人们对戴嵩高超画技的赞叹，尤其是通过抓住重复性的语言突出人物的语气和心情，让学生发现语言文字的规律，在仿说练习中提升思维能力，感受语言文字的博大精深。

（三）再次走近戴嵩，感受人物品质

戴嵩身上的"大美"之处，不仅美在他的画技高超，更美在他能虚心接受一个小小牧童的批评，因此理解品悟的第二个重点就放在了引导学生通过具体的语言、动作描写感受戴嵩虚心求教的品质。在这个环节中笔者以"你又看到了一个怎样的戴嵩"为话题引导学生自读感悟戴嵩的人物品质，获得思想道德的熏陶和感染。教学中笔者紧紧抓住戴嵩和蔼的说话语气和"拱手"这个古代礼节，让学生品读感悟。尤其是了解和学做"拱手"这个传统礼节，又一次加深了学生对古代传统文化礼仪之美的认识，让课堂充满了浓浓的文化之美的氛围。同时在理解体悟后安排了小组分角色朗读环节，让学生在有情有境的读中进一步感悟人物的优秀品质。

（四）生字指导与口语交际巧妙结合

本节课笔者通过优化教学环节巧妙地把生字书写指导放在了课堂的最后，这样不仅有效地落实了左右结构汉字的书写指导，也充分利用了学生互评环节将课堂学习到的人物品质和精神进行了传承与落实。在书写指导环节，通过引导学生观察带提手旁汉字的书写，总结出"短横倾斜竖靠右，斜提偏左略出尖，左右穿插更美观"的书写要点，从而实现举一反三，让学生实现从"一个字"到"一类字"的书写认识。在互评阶段老师提出，同桌互相交流时既要做到能敢于给别人提出意见，又要做到能虚心接受别人的批评，这样原本一个单一的书写指导环节就成为一个融书写、评价、口语交际为一体的教学环节，所用教学时长并没有改变，却通过教师巧妙的精心设计，大大提高了课堂教学效率，提升了学生的观察、交流、评价能力，传承了敢于指出别人错误和虚心接受别人批评的优秀品质。

【教学评析】

与文本对话，打造有效课堂

周村区教育教学研究室　安　永

崔峦先生说，要简简单单教语文，扎扎实实教语文，轻轻松松教语文。王伟老师在教学《画家和牧童》这一课时，真正地将语文课堂还给语文：立足文本，采用多种方式，落实对语言文字的积累运用；精研教材，探究语言，落实语用，提高学生表达能力，收到了较好的教学效果。

（一）不拘一格，灵活识字——集中识字与随文识字相结合

识字是阅读和写作的基础。小学阶段是培养、奠定良好的语文素养和人文精神的重要时期。随着新一轮基础教育课程改革的推进，小学识字教学开始特别强调要遵循学生的认知规律和汉字的构字规律，不仅要关注识字的数量与速度，更应关注识字的质量与兴趣，在识字教学中渗透汉字的文化内涵，并提出了感受汉字形体美的新目标。《画家和牧童》一课语句精练、用词丰富，教学中王老师采用多种途径与形式，使学生在阅读、理解、交流、联系中轻松识字，积累发现识字释词的方法。

1. 集中识字，总结识字方法，发现构词规律

二年级下学期的学生已经初步具备了识字能力，通过预习，基本能识记新字字音，因此在检查预习环节，教师没有把生字进行简单罗列，而是选择学生预习中容易读错的字音，结合词语构词规律，指导识字释词的方法，通过归类检查文中出现的多音字（“教书”和“指教”、“斗牛”和“斗胆”、“中间”和“间隔”），重点指导“间”的读音，提醒学生“多音字不同的音表示不同的义，我们要根据字的意思去识记字的读音”。通过归类检查词语“购买、驱赶、惭愧”，带领学生总结识词规律：汉语中有许多词语中两个字的意思相同，我们可以结合字的意思去理解词语的意思。通过归类检查词语“夸赞、称赞、赞扬”，提醒学生要善于归纳总结意思相近的词语，利用寻找近义词的方法来理解词语的意思。通过词语的归类教学，提示学生小小的词语背后也有许多大学问，只要我们善于发现总结它们的规律，就一定能既认得轻松，又记得牢固。

2. 随文识字，营造“语言场”，指导学生轻松理解词语含义

汉字是音形义的统一体，在一定的语言环境中，汉字的音形义才能产生紧密联系。在本节课中，除集中识字外，王老师还有效地采用了随文识字的方法，让生字词与课文、学生的生活发生联系，发挥语言的“场”效应，使学生能在阅读、理解、交流、联系中轻松识字。如结合国画图片分辨“浓墨涂抹”和“轻笔细描”两种国画技法，并把词语带回句子中读出自己的感受；利用联系上下文，找近义词和反义词的方法理解“和蔼”的含义；利用偏旁的含义理解“惭愧”一词的含义等。

（二）精研文本，关注语用——探究语言与关注表达相结合

低年级是小学生学习阅读的起始阶段，也是学习阅读的基础阶段。这个阶段的阅读教学，对学生阅读兴趣的提高、朗读技能的获得、理解字词句能力的形成和良好阅读习惯的培养有着举足轻重的作用。根据低年级阅读教学的地位以及《义务教育语文课程标准（2011年版）》对第一学段阅读教学提出的目标与内容，“识字写字、学习朗读、词句理解、积累语言”应是低年级阅读教学的基本内容。《画家和牧童》语言生动有趣，句式变化多样，教学时王老师将以关键词语和典型句式为语用训练点，提高学生表达能力。

1. 探究语言，以读为主，读悟结合

“教育的艺术不在于传授知识，而在于激励、唤醒和鼓舞”，本堂课中教师始终坚持以生为本，放手让学生自学，集体阅读的过程也是学生自主学习、小组合作学习的过程，充分发挥了学生在课堂中的主体地位。如“感悟虚心”环节，先请学生快速自读第5、6自然段，找一找你又看到了一个怎样的戴嵩，从哪些词语或句子中读出的？自读感悟后学生自由交流，教师抓住学生印象比较深刻的描写戴嵩语言和动作的句子，体会戴嵩的虚心。在学生有了充分的阅读感受后，鼓励学生在小组内三人一组，分角色演读并展示第5、6自然段，有效提高了学生的朗读能力。在小组合作朗读后，教师创设情境，补充戴嵩画牛的资料，使戴嵩的形象和品质在学生心中进一步丰满起来。

2. 关注表达，学习句式，落实语用

窦桂梅老师曾说：阅读要做到“读人家的书，把人家的情感变成自己的情感；读人家的书，把人家的语言变成自己的语言”。在教学中，对语言的感知、感悟不能停留在材料的浅层，要探究品味语言的内涵，探求语言的规律，感悟语言的情感，学习语言表达的方法，引导学生抓住文中的传神之处、精美之处，去揣摩玩味，逐渐悟其意、悟其境、悟其情。本课写字环节创造性地把人物品质运用到口语交际中，使学生在交流互评中既能敢于给别人提出意见，又能虚心接受别人的批评，不仅提高了学生的写字能力，也锻炼了学生的说话能力，同时还进一步升华了学生的情感体验，加深了对人物品质的认识。

总之，本课教学中王老师紧扣文本，带领学生与文本对话，这样读，读出了思考，读出了方法，读出了文章的韵味，给语文课增添了乐趣和无穷魅力，体现了语文教学人文性与工具性的统一，凸显了语文课程的特点。

参考文献

[1] [苏] B. A. 苏霍姆林斯基. 怎样培养真正的人 [M]. 北京：教育科学出版社，2018.

[2] [美] 约翰·杜威. 我们怎样思维 [M]. 姜文闵，译. 北京：人民教育出版社，2005.

[3] 于漪. 语文的尊严 [M]. 太原：山西教育出版社，2014.

[4] 于漪. 于漪与教育教学求索 [M]. 北京：北京师范大学出版社，2015.

[5] 叶圣陶. 叶圣陶语文教育论集 [M]. 北京：教育科学出版社，2015.

[6] 王力. 中国语言学史 [M]. 北京：中华书局，2020.

[7] 王力. 诗词格律 [M]. 天津：天津人民出版社，2016.

[8] 钟启泉，崔允漷. 核心素养与教学改革 [M]. 上海：华东师范大学出版社，2015.

[9] 杨向东，崔允漷. 课堂评价：促进学生的学习和发展 [M]. 上海：华东师范大学出版社，2012.

[10] 成尚荣. 儿童立场 [M]. 上海：华东师范大学出版社，2018.

[11] 成尚荣. 核心素养的中国表达 [M]. 上海：华东师范大学出版社，2018.

[12] 吴忠豪. 小学语文教学内容指要——写话·习作 [M]. 北京：高等教育出版社，2015.

[13] 林崇德，胡卫平. 思维型课堂教学的理论与实践 [J]. 北京师范大学学报（社会科学版），2010（1）：29-36.

［14］杨再隋. 学习语言与发展思维相结合——语文教学的基本规律［J］. 小学语文教学，2020，710（10）：4–5.
［15］吴忠豪. 语文教学内容科学化的三次探索［J］. 语文建设，2020，450（18）：18–23.
［16］陈先云. 文道统一原则在小学语文教科书选文中的具体运用［J］. 小学语文，2021，194（4）：4–10.
［17］陈先云. 语文教学应当轻装前行——统编教科书使用中应注意的几个问题［J］. 小学语文，2020（3）.
［18］吴忠豪. 用课文教学生学语文——“《七彩语文》杯”第八届小学语文教师素养大赛课堂教学点评［J］. 七彩语文（教师论坛），2019，935（9）：29–34.
［19］陈先云. 谈谈统编小学语文教科书的核心理念［J］. 小学语文，2019，178（12）：1.
［20］程红兵. 于漪老师：以人格培育人格［J］. 未来教育家，2019，70（1）：72–74.
［21］祁铭，崔秀兰. 于漪语文教育思想在新时代的指导意义［J］. 语文教学与研究，2020，965（24）.
［22］陆继椿. 学习于漪老师的一辈子“教”与“学”［J］. 上海教育，2019（1）.
［23］崔允漷，邵朝友. 试论核心素养的课程意义［J］. 全球教育展望，2017，46（10）：24–33.
［24］崔允漷. 核心素养评价的标准：背景、内容与应用［J］. 中国教育学刊，2020（3）.
［25］商金林. 叶圣陶语文教育思想的形成及发展的轨迹［J］. 课程·教材·教法，2014（10）.
［26］余国江. 本真语文：叶圣陶语文教育思想的核心内涵［J］. 课程·教材·教法，2014（11）.
［27］施帆影. 神话教学中的误区及矫正策略——以《盘古开天地》为例［J］. 语文建设，2021，462（6）：37–39.

[28] 陈工民. 构建“主问题”式阅读话题提高阅读教学实效性[J]. 河北教育（教学版），2021（1）：40–41.

[29] 李尚生. 汉字的人文价值在识字与写字教学中的体现[J]. 小学语文教学，2014，493（9）：22–24.

[30] 杜延. 语文课堂总结艺术浅议[J]. 井冈山师范学院学报，2004（S1）.

[31] 饶书琼. 汉语意境美之教学探究[J]. 文学教育（上），2021，538（4）：90–91.

[32] 游晓岚. 国外“生成性阅读支架教学”译介[J]. 语文教学通讯，2018，981（6）：77–79.

[33] 傅贵成. 三意：智趣语文的课堂特质[J]. 语文世界（教师之窗），2016，623（4）：4–5.

[34] 傅贵成. 智趣语文：基于童心的学习变革[J]. 江苏教育研究，2015（Z4）：77–80.

[35] 吴忠豪. 积累语言经验是语文学习的基础[J]. 教育研究与评论，2020（4）：4–7.

[36] 姜树华. 阅读指向：语文思维不可或缺的“领地”——谈当下阅读力教学缺失的现状与对策[J]. 小学教学（语文版），2017，585（5）：46–48，2.

[37] 钟启泉. “核心素养”赋予基础教育以新时代的内涵[J]. 基础教育论坛，2016（15）.

[38] 顾明远. 核心素养：课程改革的原动力[J]. 新课程，2016（4）.

[39] 成尚荣. 基础性：学生核心素养之“核心”[J]. 人民教育，2015（7）.

[40] 崔允漷. 追问核心素养[J]. 全球教育展望，2016（5）.

[41] 崔允漷. 指向学习改进的教学和评价[J]. 教育测量与评价（理论版），2015，154（1）：1.

[42] 吴忠豪. 为学生运用写作方法搭个台阶[J]. 小学教学（语文版），2019，647（12）：4–6.

[43] 吴忠豪. 从阅读走向表达——黄秀精《金色的草地》教学案例评析[J]. 新教师，2019，89（5）：75–77.

[44] 成尚荣. 语文特质语文素养语文实践——课标核心概念及其内涵解读[J]. 语文教学通讯，2012（3）.

[45] 孙双金. 试谈语文核心素养及其培养[J]. 教学论坛，2016（5）.

[46] 王荣生. 论语文课程目标和课程内容——语文课程论撮要之二[J]. 语文学习，2012（10）.

[47] 蒋重阳. 语文核心素养之文化理解与传承[J]. 作文教学研究，2016（6）.

[48] 洪劬颉. 一切为了儿童精神的生长（上）——孙双金“情智教育”流派思想与实践评述[J]. 语文教学通讯，2019，1065（30）：10–14.

[49] 洪劬颉. 一切为了儿童精神的生长（下）——孙双金“情智教育”流派思想与实践评述[J]. 语文教学通讯，2019（33）.

[50] 莫国夫. 语文课堂需要深度学习[J]. 语文教学通讯，2015（19）.

[51] 董大远. 朱自清语文教育思想解读[J]. 语文教学与研究，2021（8）.

[52] 郁伟. 练思维深合作巧展示——论智趣课堂三个维度的构建[J]. 语文教学通讯，2020，1081（3）：73–74.

[53] 潘文彬. “问”“学”相生，让儿童学习更有意义——关于儿童“问学课堂”的再思考[J]. 语文教学通讯，2018，993（15）：50–52.

[54] 叶燕芬. 基于统编教材的醇美语文阅读课程[J]. 语文教学通讯，2020，1089（9）：4–6.

[55] 孙涛. 生成课堂：提升学生审美能力的理想课堂[J]. 语文教学通讯，2020，1091（10）：21–23.

[56] 俞佼. 点亮思维 滋养阅读生命——部编教材阅读策略引领下的深度学习[J]. 考试周刊，2020（57）：21–22.

[57] 商德远. 基于语文学科核心素养设计教学[J]. 语文教学通讯，2017，933（9）：10–13.

[58] 陈树民. 如何在“发展语言能力”的同时有效“发展思维能力”——小学“语文学科核心素养”深度解读[J]. 语文教学通讯，2019，1033（6）：9–12.

[59] 陈莉. 阅读是思维的过程——以特级教师李怀源的图画书群书教学为例[J]. 语文教学通讯，2018，981（6）：13–15.

[60] 姜树华. “言意共生”语文教学的基本策略［J］. 江苏教育研究，2018，366（367）.

[61] 崔允漷. 如何开展指向学科核心素养的大单元设计［J］. 北京教育（普教版），2019，845（2）：11-15.

[62] 谈永康. 教好一个字影响一辈子——于漪德智融合思想在小学识字教学中的运用［J］. 小学教学（语文版），2021，679（4）：47-49.